JN260920

アンリ・ワロン
その生涯と発達思想

21世紀のいま「発達のグランドセオリー」を再考する

加藤義信
著

福村出版

[JCOPY] 〈(社)出版者著作権管理機構 委託出版物〉
本書の無断複写は著作権法上での例外を除き禁じられています。複写される場合は、そのつど事前に、(社)出版者著作権管理機構（電話 03-3513-6969、FAX 03-3513-6979、e-mail: info@jcopy.or.jp）の許諾を得てください。

まえがき

　アンリ・ワロン（Henri Wallon, 1879-1962）は不思議な心理学者である。フランス語圏および一部のラテン系諸国（スペイン，イタリア，ブラジルなど）では，その名声は確固としたものである一方，英語圏では彼が何ものであるかを知る人はほとんどいない[1]。日本でも，1950年代から波多野完治や滝沢武久による紹介が始まり，1960年代にその主要著作のほとんどが邦訳されたにもかかわらず，また，心理学や教育学においては（少なくとも1990年代中頃までは）誰もが一度は耳にした名前であるにもかかわらず，その理論内容が広く深く理解されることは，少数の例外を除いてなかったと言ってよい[2]。このアンバランスは，かつてワロンの理論的ライバルであったピアジェ（Piaget, J., 1896-1980）への評価や，ワロンの同時代人とも見なしうるヴィゴツキー（Vygotsky, L. S., 1896-1934）への評価と比べてみると，もっと鮮明になる。前者は1960年代から1980年代にかけて世界的に高い評価を受けてきたし，後者は1990年代半ば以降，「ヴィゴツキー・ルネサンス」とも称されるほどに，その再評価が著しい。
　では，なぜワロンはかくも奇妙な位置に置かれてきたのだろうか。とりわけ，日本において，特に心理学の世界で，どうしてワロンは本格的な関心の対象にならずに今日に至ったのだろうか。「新しい」発達心理学の見方や研究テーマが話題となっては慌ただしく交代していく今日にあって，もはやワロンは過去の心理学史を飾る一つのビッグネームに過ぎないのだ

1）　英語圏で発刊されたワロン紹介文献はきわめて少ない。書籍としてはVoyat（1981）があり，ワロンの『思考の起源』や『子どもの精神的発達』等の抜粋が翻訳紹介されている。また，Human Development誌には，Netchine（1991）によるワロンの発達論の紹介論文が掲載されたこともある。
2）　その少数の例外として，牧（1982），浜田（1994），坂元（2008）の名前を挙げることができる。

ろうか。ワロンから学びうることは，もう21世紀には残されていないのだろうか。

　筆者が学生時代にワロンの名前を初めて耳にしてから，もう40年以上が経過する。その名は，初めから筆者にとって大きな位置を占めていたわけではない。30代半ばになって2年間フランスに留学し，そのときたまたま指導を受けたリリアン・ルルサ（Liliane Lurçat）先生が，ワロンの最後のお弟子さんであったという偶然が，その後の筆者のワロンへの特別な関心を拓くきっかけとなった。以来，「こだわり」と言ってよい関心を持ち続けてきたが，自分なりのワロン像が持てるようになるまでには，さらに長い時間がかかった。上記に記した疑問は，この長い時間の中で筆者自身がずっと抱き続けてきた疑問である。やがて，それらが少しずつ解きほぐされていく中で，これまで喧伝されていた伝説的人物像とは少し異なるワロンその人の姿がイメージできるようになり，彼の発達論はその人格と切っても切れない関係にあることを納得できるようになった。

　本書は，そうした歩みを踏まえて，現代心理学の中でワロンの発達思想をもっと生かしていきたい，ワロンの古典としての「新しさ」を若い人たちにもっと知ってほしい，という願いから生まれた。

　第1部では，まず何よりアンリ・ワロンの人としての魅力を伝えたいとの思いから，彼の小伝を試みた上で，その発達思想の現代性と，日本に住む私たちにとっての難解さの理由およびその克服の方途を論じた。

　第2部では，筆者なりに理解したアンリ・ワロンの発達思想のエッセンスを提示した。そのうち，第4章では彼の発達思想の基本骨格をなす「発達の見方」に焦点を当て，第5章と第6章では，筆者が関心を持つ各論的テーマ，表象発生論と描画発達論において，ワロンがどのような具体的な子どもの発達の姿を描いているかを見た。

　本書は，筆者の資質や人生の歩みを反映した，いや，むしろそのバイアスがかかったと言ったほうがよい，一つのワロン論である。この小著がきっかけとなって，歴史の中に忘れられつつあるワロンに若い人たちが関

心を持っていただけるとしたら，筆者にとってこんな大きな喜びはない。

引用文献

浜田寿美男（1994）ピアジェとワロン．京都：ミネルヴァ書房．

牧康夫（1982）人間探求の心理学．京都：アカデミア出版会．

Netchine（1991）The theories of Henri Wallon: From act to thought. *Human Development*, **34**, 363-379.

坂元忠芳（2008）アンリ・ワロンにおける人間発達思想の誕生 第一部・第二部・第三部．私家版．

Voyat, G.（1981）*World of Henri Wallon*. New York: Jason Aronson Inc.

目　次

まえがき　3

第 1 部　アンリ・ワロンの人と思想

第1章　アンリ・ワロンの人と生涯……………………… 12

1. 序　12
2. 子ども時代　14
3. 青年前期　17
4. 青年中期——20歳代から30歳代へ　22
5. 青年後期——第一次世界大戦，そして結婚　27
6. 壮年前期——「発達の理論家ワロン」の誕生　32
7. 壮年後期——第二次世界大戦，そしてレジスタンス　38
8. 晩年——戦後の日々　42

　コラム1　制度形成史的観点から見たフランス心理学（1）：
　　　　　　19世紀末〜第二次大戦前まで　50

第2章　アンリ・ワロンの発達思想の現代性………… 53

1. 1980年代以降の発達のグランドセオリーの退潮　53
2. アメリカと日本におけるワロンの位置　58
3. ワロンを通して近代の発達思想の遺産を受け継ぐ　62

4. ワロンの先駆的アイデアを21世紀に生かす　63

　コラム2　制度形成史的観点から見たフランス心理学（2）：
　　　　　第二次大戦後　71

第3章　アンリ・ワロンの発達論はなぜ難解か？　75

1. 日本におけるワロン受容——その不十分さの理由　75

　（1）理論と政治的立場　76

　（2）理論とその実証　77

　（3）理論の難解さ　79

2. ワロンはなぜ私たち日本人にわかりにくいか？　81

　（1）ピアジェは理解容易か？　81

　（2）「フランス的なもの」とは何か？
　　　　——フランス語圏発達心理学の暗黙の前提　83

3. アンリ・ワロンの方法的態度　87

　（1）「緊張の人」ワロン　87

　（2）初期論文「不器用（La maladresse）」に見るワロンの方法的態度　89

　コラム3　ワロンとピアジェ：異なる理論を生み出した背景の違い　96

第2部　アンリ・ワロンの発達思想：各論

第4章　アンリ・ワロンの発達思想のエッセンス　102

1. アンリ・ワロンの発達思想の基本特徴　102

2. ワロン的に子どもを見るとはどういうことか？　104

3. 発達を「非連続」として捉える思想　110

4. 姿勢，情動，運動，表象の連関と対立に注目した発達論　115

　(1) ワロン発達論のオリジナリティの中核とは？　115

　(2) 姿勢機能の発見――能動と対をなす受動の相の復権　117

　(3) 人間身体の三つの機能系　122

　(4) 姿勢と情動はどのように繋がっているか？　125

　(5) 系統発生的に見た三つの機能系の関係　127

　(6) 姿勢機能と情動機能の一体性　130

　(7) 姿勢機能の発達をめぐって　133

　コラム4　ワロンとその教え子たち（1）：ルネ・ザゾ　144

第5章　アンリ・ワロンの表象発生論　150

1. 乳児の認知発達研究の進展と表象発生問題　151

　(1)「表象」は本当に初めからあるか？　151

　(2)「表象」の語は必要か？　154

2.「表象」とは何だろうか――表象の語義について考える　155

　(1) 表象と知覚，記憶　155

　(2)「置き換え」としての表象　156

3. 表象発生問題の思想的，文化的基盤　158

　(1) 発達論をめぐるアングロ・サクソン的文脈とフランス的文脈　158

　(2)「表象のない世界」を問うことの意味　160

4. アンリ・ワロンの表象発生論　162

　(1) 整理に先立って　162

　(2) ワロンは表象発生についてどう考えたか？　164

第6章 アンリ・ワロンの描画発達論
　　　――リリアン・ルルサとの共同研究を中心として　… 178

1. なぜ描画発達研究であったのか？　179
2. リュケ批判としての，ワロンとルルサの描画発達研究　180
3. 1957年グラフィスム論文が明らかにしたこと　183
4. 1958年人物画論文が明らかにしたこと　185
5. ワロンとルルサの描画発達研究の今日的意義　187

コラム5　ワロンとその教え子たち（2）：リリアン・ルルサ　191

あとがき　197

資料1　アンリ・ワロン年表　200

資料2　アンリ・ワロン邦訳図書・関連書一覧　210

人名索引　216

事項索引　219

第 1 部

アンリ・ワロンの人と思想

第1章

アンリ・ワロンの人と生涯

1. 序

　人がその人生で「何を成しとげたか」ということと，その人が「どのような人であったか」ということとの間には，切り離しがたい関係が存在するわけではない。業績からある人格やある人生を一義的に思い描けるわけではないし，人格のタイプや優劣ゆえに，あるいは人生のある出来事ゆえに，ある業績が可能となったとストレートに言えるわけでもない。そのことをわかってはいても，それでも私たちは，優れた科学的発見を行ったり，画期的な理論や思想を生み出したりした人々がどんな人であり，どのような一生を送ったかを知りたくなる。たとえ，その業績の意味を十分に理解できなくとも，優れた先人の人生の"物語"を辿ることができれば，そこからなにがしかの勇気と希望が与えられるとの期待を込めて，彼らの伝記的事実を知りたくなる。

　アンリ・ワロンへの関心は，とりわけこのような期待と無縁でない。彼は，心理学者の中では例外的に，その人間としての生き方そのものが多くの人々を惹きつけた人であったからである。

　敗戦の傷跡がまだ生々しく残る1950年代の日本で，アンリ・ワロンは，ナチス占領下のフランスにおいてレジスタンスを戦い抜いた闘士として，また戦後はフランスの革新

図1-1　ワロンの肖像
（ワロンの著書"L'enfant turbulent"
（1984年，P.U.F.）表紙より）

的な教育改革プラン（ランジュヴァン＝ワロン計画，le projet de réforme Langevin-Wallon）を先導した児童心理学者・教育学者として，まず紹介された。このため，1960年代，1970年代に，彼の発達思想の内実を理解しようとする努力が，翻訳を含めて少しずつ行われるようになっていった後も，輝かしい社会的実践家としてのオーラに包まれたワロン像は，長く日本の研究者・教育者の心の中に残ることとなる。ところが，不思議なことに，そのオーラの核をなすワロンその人が，実際にはどのような人であったのか，その人格はどのように生み出されたのか，その臨床実践と理論的営為，社会的実践はどのように絡まり合いながら発展したのか，といった発達の理論家ワロン自身の生涯にわたる「発達」の伝記的事実に関しては，わずかしか伝えられてこなかった。

　ただ，これは，我が国に限ったことではない。本国フランスにおいても，ワロンの伝記的事実に関する研究はほとんどなく，そのための資料も十分整理されないまま今日に至っている[1]。他の20世紀前半に活躍した発達の大理論家たちと比較したとき，例えば，ピアジェには自伝があり（Piaget, 1952），フロイト（Freud, S.）には大部の伝記があり（Gay, 1988/1997——原著発行年／邦訳発行年を表す。以下同様），あるいは，ヴィゴツキーには同僚や弟子たちによる回想の書が既にある（レオンチェフ，2003），したがって，ワロンについてこれらに類する書物が未だ存在しないのは，寂しい感を越えて奇異ですらある。

　こうした現状ではあっても，ワロンという人その人がどのような人であったかを，また，この発達の理論家の「発達過程」がどのようなものであったかの再構成を試みることは不可能ではない。ワロン自身は自らについて語った記録をほとんど残さなかったが，ワロンの没後，フランスの心理学・教育学関係の雑誌・研究誌は，これまで繰り返し特集号を組み彼の

---

1)　現在，ワロンに関する資料は，ワロン資料文庫（Archives d'Henri Wallon）として保存されており，web上の以下のサイトでその資料の項目リストを見ることができる。
http://www.cairn.info/revue-histoire-des-sciences-humaines-2001-2-page-117.htm

業績を讃えてきた。[2] その中にはワロンの同僚や教え子の回想も多数掲載されている。少なからず出版されているワロンの解説書にも，不十分ながら伝記的事実を記した部分がある。

以下では，現時点で入手可能なこうした資料に基づいて，彼の小伝を試みることとする。

2. 子ども時代

アンリ・ワロン[3]は1879年6月15日にパリで生まれた。父ポール（Paul）は建築家，祖父アンリ（Henri Alexandre）は高名な歴史学者にして政治家であった。後の心理学者アンリ・ワロンは7人兄弟の3番目であったが，この祖父の名を引き継いだことになる。

今でもフランスでは，「アンリ・ワロン」というと祖父のほうが，知名度が高い。2004年には没後100年の記念切手まで発行された。というのも，祖父アンリは奴隷制の歴史に関する研究の権威であり，実際にフランス領植民地での奴隷解放に力を尽くした人物として，また，18世紀末のフランス革命以後，19世紀を通じて共和派と王党派の闘争によって不安定な政治状況が続いた母国に，共和政の勝利による安定をもたらした人物として，今も歴史教科書に登場するからである。

自由・平等・博愛のフランス革命の理想を現実に根づかせようとしたこの祖父と，その思

図1-2 祖父アンリ・ワロン（没後100年記念切手）

---

2) 筆者が直接目にした特集号は，以下の通り。Enfance, 3-4/1959. Enfance, 1-2/1963. Enfance, 1-2/1968. Enfance, 5/1979. Enfance, 1/1993. Enfance, 1/1998. Revue Internationale: Les sciences de l'éducation pour l'ère nouvelle, numéro spécial, 1979.
3) 以下，単に「ワロン」と記すときには，本書で論ずる「心理学者アンリ・ワロン」のことを指すものとする。

第 1 章　アンリ・ワロンの人と生涯　15

図 1-3　1889 年頃のワロン家の写真
アンリ・ワロン（10 歳）は 2 列目左から 4 番目。右後ろは祖父アンリ，その右が父ポール。その右下が母ゾフィー。（Ph. Wallon 氏提供）

想を受け継いだ父の影響のもとで，後の発達の理論家ワロンは子ども期を過ごした。祖父はベルギー国境に近い北フランスのヴァレンシエンヌ（Valenciennes）の出身であり，母ゾフィー（Sophie）も北フランスのアラス（Arras）からパリ生まれの父のもとに嫁いできた。ワロン家はその名からしても，フランドル地方にルーツをもつブルジョアであり，祖父以前の代からの一定の経済資本と豊かな文化資本に恵まれた家系であったと思われる。実際，当時のワロン家の一族のほとんどは，パリの新興の高級住宅地域・17 区に住み，ノルマンディの保養地プティット・ダール（Petites-Dales）には祖父の別荘があって，毎夏には一族が集まってその地で過ごす習慣があった。また，ワロンの兄弟姉妹 7 人はいずれも幼

---

4) 父ポールの墓の墓碑銘による。
5) 現在のベルギー南部のフランス語を母語とする住民は Wallon と総称される。なお，フランス語では Wallon は「ヴァロン」と発音されるが，日本でのこれまでの慣例に従い，以下すべて家族名の Wallon は「ワロン」と表記する。
6) Wallon, Ph.（2007）による。Ph. Wallon 氏とは，心理学者アンリ・ワロンの末弟エミール（Émile）の孫にあたるフィリップ・ワロン（Philippe Wallon）氏のことである。アンリには子どもがいなかったため，氏は血縁では彼に最も近い親族の一人である。なお，氏は 1948 年生まれ，自身は精神科医であり，長く CNRS（フランス国立科学研究センター）の研究員でもあった。フランスでは，子どもの絵研究の第一人者としても名高い。

少時から何らかの楽器を習い，ワロンもピアノを弾くことができたという[7]。さらに，ワロンが結婚してから住んだ家[8]には，おそらく祖父や父からその一部を受け継ぎ，ワロン自身もその後に収集した近代絵画（とりわけ後期印象派）の見事なコレクションがあったと伝えられている（Wallon, 1959）。

図1-4　2歳8カ月のワロン（Ph. Wallon氏提供）

　ワロンの幼少期，児童期について知られていることは驚くほど少ない。ワロンは自伝的な叙述を残さなかったばかりか，自分について語ることを極端に好まない人だった。後の彼の研究協力者になるグラチオ＝アルファンデリ（Gratiot-Alphandéry, H.）によると，ワロンは「自分自身について語るさいには恥ずかしがりで控えめで」あり，自身の出版目録を作ることを求められたときにも，これを嫌がったという。「おろかなみせびらかしのように思われるいっさいのことがどれほど彼をいらだたせたか」とグラチオ＝アルファンデリは述懐している（Gratiot-Alphandéry, 1976/1983）。

　こうした中で，唯一といってよい幼年期の回想が，晩年に行われた若い研究者たちとの対談の中に残されている。人道的，社会的，政治的な関心と科学的な関心がどのように育まれて結びつくに至ったかと尋ねられて，ワロンは自身のそのいちばんの源泉について次のように語っている。

　「私は共和主義的で民主的な雰囲気の中で育てられたことについては，私の家族に感謝しています。私の最初の記憶の一つはヴィクトル・ユゴー

筆者とは30年以上前から親交があり，今回，本書のために多くの写真を提供いただいた。
[7]　アンリ・ワロンの甥（双子の末弟ジョルジュ［Georges］の子ども）にあたるギイ・ワロン（Guy Wallon）氏と義理の姪（双子のもう一人の末弟エミール［Émile］の子どもドゥニ・ワロン（Denis Wallon）氏の妻）にあたるジュヌヴィエーヴ・ワロン（Geneviève Wallon）氏の証言。筆者は2012年8月30日にお二人にインタヴューを行った。
[8]　パリ16区のトゥール街（Rue de la Tour）16番地にあった。3階以上の建物（アパルトマン）が普通のパリには珍しく，2階建ての一軒家であった。

(Victor Hugo) の死です。私は6歳でした。夕食後、私の父は私たちに『懲罰詩集』の断片を読んでくれました。私はとても感動しました。翌朝、父は兄と私を辻馬車で喪中のユゴーの家に連れて行ってくれました。ヴィクトル・ユゴーは専制者たちに反対したのだと父は説明しました。そのことにもまた私は感銘を受けました」(Wallon, 1959)[9]

　もちろん、6歳の子どもに父親の説明が十分理解できたわけではないであろう。しかし、家族の中でどのような価値が大切とされていたかは、ユゴーの死という当時のフランス社会の一大出来事を通して、幼いワロンの心の中に染み透るようにして深く刻まれ[10]、その後の彼の感性と思想の土台になったと思われる。

　子ども期を通じてのワロンは、際立って利発な (brillant) 子どもというわけではなかったという[11]。むしろ、生涯を通じてのワロンがそうであったように、人一倍正義感が強く、それでいて人前ではシャイで、物事を深く自分の内部に受けとめることのできる、感じやすい子どもではなかっただろうか。後に大人となってからのワロンに親しく接した人々は、誰もが彼を「シャイで (timide)、控え目で (discret)、自分のことよりも他人のことに一生懸命になれる、無私の (généreux) 人」と評したが、個人主義の国フランスでは稀と言ってよいこの資質は、彼の少年時代に育まれたと、筆者は想像する。

3. 青年前期

　ワロンの青年期は、ルイ・ルグラン高等中学校 (Lycée Louis-Le Grand) への入学から始まる。ここで、やがてワロンと共にフランスの心理学界を背負うことになるアンリ・ピエロン (Henri Piéron) と知り合う。

---

9) 訳はグラチオ＝アルファンデリ (1983) にある引用訳に従ったが、若干の誤訳があったため、一部変えてある。
10) 「染み透ること＝浸透 (imprégnation)」は、後のワロン発達論の重要用語となる。
11) 注7と同じ。

後にピエロンは実験心理学者となり，学問的関心や社会的関心ではワロンと異なる道を歩むが，終生，ワロンに援助を惜しまない友であった。

フランスの高等教育制度は他のヨーロッパ諸国や米国，日本と異なり，大学と高等専門学校（grandes écoles）の二本立てとなっており，後者がむしろエリート養成機関としての役割を果たしている。現在もその制度形態は残っているが，戦前はもっとこの区分が明確であり，ブルジョワ階級の知的エリートは高等中学校（リセ）修了後，高等専門学校受験のため同じリセ内に附設された1年ないし2年間の準備学級（classe préparatoire）を経て，例えば人文系であれば高等師範学校（École Normale Supérieure）を，理系であれば理工科専門学校（École Polytechnique）をめざした。ワロンも同様のコースを歩むことになる。

ルイ・ルグランの準備学級では，社会学者であり人類学者であるレヴィ＝ブリュール（Lévy-Bruhl, L.）が教えていた。観察者の枠組みをいったん括弧に入れて，異質な対象をその異質性に即して理解しようとする彼の方法は，『未開社会の思惟』（Lévy-Bruhl, 1910/1953）という書物に見事に結晶しているが，この方法は後のワロンの子どもを見る視点に大きな影響を与えた。学問的な影響に止まらず，彼はワロンの生涯を通じての師となった。当時の学生たちとレヴィ＝ブリュールとの関係について，ワロン自身は以下のように証言している。

図1-5　20歳のワロン
（Ph. Wallon 氏提供）

「日曜の朝，招かれて先生に会いに行った学生たちは，そこで交わされた会話をとても印象深く記憶に刻むことになりました。先生は学生たちが持ち寄った研究計画にすすんで耳を傾け，ときにそれがより明晰となるよう質問し，控え目に助言を与えました。そして，先生自身の研究についても，自分から学生たちにびっくりするほど率直に語ったのです。あたかも，学生たちを対等の若き弟子たちのように扱って，自分の考えを述べ

るように誘い，気取らず自然かつ真摯にその意見を議論の対象としました。絶えず真理を求め，自分が誤っていたと知ると常にそれを認めることに躊躇しない，本物の学者，思想家を，私たちは先生に感じたのでした」(Wallon, 1957)

これは，後年，ワロンの弟子たちがワロンについて語ったことと，そっくり同型である。

1899年，ワロンは当時のフランスでは最高のエリート校，高等師範学校に入学する。ここで，彼の人生の二つの方向性がはっきりと選択されることになる。自らの専門性を心理学に求める決意と，社会改革への積極的参加，もっと端的に言えば社会主義思想への共感の二つである。

前者については，晩年のインタヴューの中で若い人々に次のように答えている。

「心理学を勉強しようと決意したのは，どんな外的影響とも無関係です。デュマ（Dumas, G.）やナジョット（Nageotte, J.）やジャネ（Janet, P.）[12]と出会ったときには，既にもう心理学をめざすことを決めていました。その選択をした頃のことを振り返ってみますと，私が心理学を選んだのは，むしろ（私自身の）もともとの性向，態度によると言えます。心理学は，私にとって，初めは好みの問題，周りの人々の行動の動機や理由を知りたいと思う個人的な好奇心の問題だったのです」(Wallon, 1959)

後者については，ワロンはフレデリック・ロー（Rauh, F.）の直接的影響を挙げている（Wallon, 1959）。ローは高等師範学校の哲学教授で，48歳の若さで亡くなったが，彼が40歳前後のときにワロンは教えを受けている。ときあたかも，フランスはドレフュス事件[13]をめぐって世論が二分

---

[12] デュマ（1866-1946）はパリ大学の心理学教授，ナジョット（1866-1948）は神経解剖学者，ジャネ（1859-1947）は臨床心理学者でコレージュ・ド・フランス（Collège de France）教授。彼の「心理的緊張」の概念はワロンの「トーヌス（tonus）」概念に繋がっていく。
[13] ユダヤ人将校ドレフュス（Dreyfus, A.）がドイツのスパイ容疑で逮捕され，確証もなく本人が否定したにもかかわらず有罪判決を受けた事件。後に真犯人が別にいるとの証拠が見出されたにもかかわらず，軍部や世論の反ユダヤ感情に阻まれて，再審・無罪に至るまでに長い時間がかかった。

図1-6　ワロン家の七人の兄弟姉妹の写真
1901年撮影。アンリ・ワロン（22歳）は左端。（Ph.Wallon氏提供）

されていた時期にあたり，ローは哲学が日々の社会的現実と向き合う学問であることを，ドレフュスの無罪判決を求める戦いに加わることによって，学生たちに身をもって示したという。

　高等師範学校には，当時さらに，リュシアン・エル（Herr, L.）が図書館司書として働いていた。彼はその深い学識にもかかわらず，「出世の拒否」を信条として，その生涯の大半を一介の司書として過ごした人であったが，その故もあってか，1900年頃には高等師範学校の左翼系学生の間では精神的な「師（mentor）」と見なされる存在になっていた。ゲルマン文化が専門でありドイツ語に堪能であったエルは，自らマルクス（Marx, K. H.）の『経済学批判』を編集したり，『資本論』の学習会を組織したりして，後にフランス社会の指導的地位につく多くの学生に影響を与えた。ワロン自身はその回想の中でエルの名前を挙げてはいないが，桜井（2004）はランデンベールとメイェール（Lindenberg & Meyer, 1977）の本に基づき，エルの影響を受けた人々のリスト中にワロンの名前を記している。他の証言からも，ワロンが社会主義思想に目覚めていく過程でエル，ある

---

14)　注7に記したギイ・ワロン氏の証言。フランスにおけるワロン研究の第一人者であ

図 1-7　父ポールの自宅前で撮られた写真
二人の女性の間に立っているのがアンリ・ワロン。その左は母ゾフィー。
図 1-6 と同時期に撮影。（Ph.Wallon 氏提供）

いはエルを取り巻く当時の高等師範学校の仲間たちから強い影響を受けたことは間違いないと言えるだろう。

　高等師範学校では，1900 年頃，2 歳年下であったドダン（Daudin, H.）と特に親しくなった。ドダンはワロン同様，ローとエルの影響を強く受け，後に哲学から進化論に興味を移し，ボルドー大学で科学史を講じた人であるが[15]，人文学と自然科学の接点で人間理解を探究しようとする姿勢が，ワロンと共通していたからであろう。以後 20 年以上にわたって二人は互いを心の友として，頻繁な文通を行うことになる。幸いにして，両者の間で交わされた書簡のほとんどは，現在，フランス国立古文書館内にあるワロン資料文庫に残されており，このうち，ワロンからドダンに宛てた 1900 年 4 月から 1915 年 6 月までの手紙の抜粋 34 通を，私たちは活字で読むことができる（Malrieu, 1987）。

るエミール・ジャレイ（Émile Jalley）氏も，筆者との会話の中で同様の推測を語っている。
15)　以下に掲載のドダンの故人略歴による。*Revue d'Histoire des Sciences et de leurs Applications*, vol.1, no.1-4, 360-361, 1948.

ワロンは晩熟型の人で，20歳で心理学を志して以後，子どもを中心とする発達の心理学に自己の研究上のアイデンティティを見出し，それにふさわしい社会的ポストに就くまでに，高等師範学校を出てから20年近くの年月を要している。ワロンの一生を辿ってみようとするとき，実は「ワロンが文字通りワロンとなった」この20年間こそが，人格形成史的観点からも理論形成史的観点からも，いちばん興味深い時期と言えよう。しかし一方で，この時期に関する資料はきわめて乏しく，初期の彼の論文も入手困難なものが多い。ただ，幸い，私たちが現在アクセス可能なワロンの34通の親友宛ての手紙は，この時期をカバーするものであり，以下，これらを手掛かりに，20歳代から30歳代にかけてのワロンの生活と思想の軌跡を垣間みてみよう。

4. 青年中期──20歳代から30歳代へ

1902年，ワロンは哲学の上級教員資格試験（agrégation de philosophie）に合格し，パリ東方225kmにある小さな町バール・ル・デュック（Bar-le-Duc）のリセに哲学教師として赴任する。しかし，ここでの教員生活は，ワロンにとってはなはだ居心地の悪いものであった。1903年1月25日，および3月26日の手紙によると，学校の中では生徒に鞭で体罰を加えたり，教室の中でひざまずかせたりする教育が平然と行われており，それでいて校長は「民主主義」や「共和主義」について訓示を垂れるという偽善がまかり通っていた。新任の教師ワロンは，それらを激しく憤る。そして，生徒の従順を是として彼らの蒙昧を放置する校長や教会の聖職者たちに敢然と立ち向かう。しかし，日に日に徒労感ばかりが積み重なっていったのであろうか。若きワロンはついに友に告白する。「ここでの生活は，私が自分の未来に夢見た生活ではありません。……（ここでの）教師という仕事と，理想を失わず喜びをもって生きる人間であることとの二つが，両立すると思えないのです」と。

結局，バール・ル・デュックのリセでの教師生活は1年で終わった。ワロンはパリに戻った。そして，新たに医学の研究を志すことになるのである。

しかし，なぜ医学であったのだろうか。

高等師範学校に入学した時点で，ワロンは心理学を自分の専門にしたいと望んでいたことは既に述べた。彼がこのような希望を持ちえた背景には，19世紀末から20世紀初頭のフランスでも，ドイツや英米の国々と同様，心理学が哲学から独立し，新しい科学の一分野として社会的に認知され始めていたという時代の動向がある。しかし，その学問としての制度化は他の国々に大きく遅れをとっていた。ワロンの時代には，大学に心理学の教員ポストが創設され，授業科目に「心理学」が加わるようになってはいたが，未だ心理学に固有の学士（licence）の学位はなく，パリ大学文学部（ソルボンヌ）[16]は上級教員資格の試験科目の中に心理学を独立の科目として加えることに抵抗し続けていた（Nicolas, 2002）[17]。

このような状況の中で，心理学に関心を持ちその研究の第一線に立とうと思えば，哲学を修めた後，人間を対象とする科学として医学を学ぶというコースは，当時，特にめずらしいことではなかった。否，むしろ，未来の心理学者にとって推奨されるコースであった，と言ってもよい。

心理学史では，19世紀後半，哲学から離れて自律した科学としての心理学の確立に最も貢献したのはドイツのヴント（Wundt, W.）であるとされるが，フランスにおいてヴントに匹敵するのはリボー（Ribot, T.）である。そのリボーは心理学が新しい科学として成立するためには，医学，とくに精神病理学に依拠しなければならない，と考えていた（河野，2008）。科学性を担保する実証性の根拠をヴントは実験に求めたのに対して，リボーは観察，それも病理学的観察に求めた。というのも，リボーにおいては，健常状態と異常状態との間には量的な差異があるのみで，本質的に違

---

16) パリ大学文系学部全体の別称。
17) コラム1を参照。

いはないとされ，自然が行う実験である病理的状態の観察こそが，人間の心の仕組みの複雑さを単純な要素に還元することなく明るみに出すことができる，と考えられたからである。

　このリボーの影響を受け，20世紀初頭のフランス心理学の黎明期に活躍したジャネやデュマは，哲学から医学を経て心理学者となる道を選んだ。そして，次の世代にあたるワロンも，またワロンと共に20世紀前半のフランス心理学の隆盛に貢献したピエロンやブロンデル（Blondel, Ch.）も，同様のコースを歩んだ。フランスに特有なこうした傾向は，一面，心理学の学問としての制度化の遅れがもたらした結果には違いなかったが，他面では，英米やドイツとは異なる，20世紀前半のフランス心理学の輝かしい個性を形作ることにもなる。ザゾ（Zazzo, R.）は，この特徴を「フランス心理学の医学‐哲学の偉大な伝統」と表現したが（Zazzo, 1975/1978），後に，子どもの精神発達をその身体的基盤から切り離すことなく全体性において把握しようとしたワロンの心理学は，その最良の例示となるのである。

　1904年から第一次世界大戦が始まる1914年までは，ワロンの医学修業時代と言えよう。そのちょうど真ん中にあたる1908年は一つの区切り目であった。この年，「迫害妄想（délire de persécution）」をテーマとする博士の学位請求論文（Wallon, 1909）を提出し，ビセートル病院およびサルペトリエール病院に，神経解剖学者ナジョットの診察助手として勤務するようになる。後に振り返って，ワロンはナジョットについて次のように語っている。

　「ナジョット先生は，私がいちばん多くのことを学び，いちばん影響を受けた先生です。……先生は一つの領域から別の領域に置き換えてものを見ることを，つまり神経細胞という物質的側面から心理現象を見ることを，教えてくれました。……先生は生物学的にものを見る視野を私に切り拓いてくれたのです」（Wallon, 1959）

　後年，心理学者であることに自覚的となるワロンに，神経解剖学的研究

に打ち込んだ一時期があったという事実は、若き日のフロイトの経歴に見られる事実と重なり、興味深い。フロイトは臨床医となる前、ウィーン大学医学部のブリュッケ（Brücke, E.）のもとで魚の神経構造の研究を行い（金関, 2015）、その後、1885 年にパリのサルペトリエール病院のシャルコー（Charcot, J.-M.）のもとに留学して、初めは顕微鏡を用いた子どもの脳の神経解剖学的研究に没頭した。あまり知られていないことだが、シャルコーはもともと病理解剖学者として著名であり、フロイトにとっては、フランスでもシャルコーの指導のもとに神経解剖学的な研究を続けることは、当初の留学目的にかなった自然な選択であった。ところが、当時のシャルコーは、ヒステリーの催眠療法に関心を移しており、フロイトはその影響を強く受けることになる。フロイトにとって、シャルコーは、「その科学者としての姿勢と個人としての魅力」に圧倒され、「自分にこれほどの影響を与えた人はいない」と将来の妻マルタ（Martha）への手紙に記すほどの人となる。オーソドックスな精神分析の成立史では、ここからフロイトの精神分析への歩みが始まったことになっている（Gay, 1988/1997）。

　奇しくも 23 年のときを隔てて、ワロンとフロイトは、同じパリのサルペトリエール病院で決定的な影響を受ける師と出会い、神経解剖学的研究に従事して、後に臨床家としてそれぞれの道を歩むことになる。一人は児童臨床から子どもの発達の全体理論の構築へ、もう一人はヒステリー患者の臨床から精神分析理論の創造へ。どちらの場合にも、神経解剖学を通して学んだ自然科学的な方法的態度は、後の彼らの理論的態度に異なる形で反映されていると言えるだろう。ワロンの場合は、発達現象を身体＝物質的基盤に常に結びつけて理解しようとする態度として、フロイトの場合は、心理現象を自然科学的な力動的因果の論理によって理解しようとする態度として。

　さて、1914 年までのドダンへの手紙には、後の論文や著書からは窺い知れない、若き日のワロンのさまざまな側面が垣間見える。ここではその

図1-8 父ポールの描いたプティット・ダールの風景の水彩画（Ph.Wallon 氏提供）

断片を紹介することにしよう。

後にも見るように，若きワロンはフランス的理性の信奉者であると同時に，その資質は深く「情動の人」であった。粗暴で神秘的で瞑想的なものを嫌う理性の人であると同時に，自然の中の光や風や海の香りと共振できる人であった。1910年8月9日のノルマンディの保養地プティット・ダールからの手紙に，ワロンは次のように書く。

「(当地では)天気は目まぐるしく変わります。でも，ときどきは，すばらしい午後となることもあるのです。こうした日の浜辺には，強い光が溢れて何とも言えず美しい1日の終わりが訪れます。また，一方で，今日のように，不意に霧が発生することもあります。そんなときには，冷え冷えした空気が流れ，グレー一色の静けさがあたりを支配するのです。海は凪いで色を失い……空はさっきまで晴れ間から希望の光が覗いていたのに，いまはそれも消え失せて，綿雲ばかりがどんよりと広がっています」[18]

"詩人"ワロンの片鱗は，この手紙ばかりでなく，他の手紙にも随所に現れる。さらに，私たちが活字で読むことのできる34通の手紙の中には，青年ワロンの多彩な人間像を知る手掛かりとなる内容が至るところに溢れている。

第一次大戦以前の当時の社会主義者を結集して作られた社会党に加わり，アクティヴに活動する政治青年ワロン。手紙にはときの政治情勢に関する彼自身の意見や憤り[19]，評価や見通し，官憲への大抗議集会への参加の興奮[20]が[21]，「l'idéal（理想）」をキーワードとして頻繁に語られる。

18) 1910年8月9日付の手紙。Malrieu (1987), p.177 より引用。
19) 1906年11月14日付，および1907年1月30日付の手紙。
20) 1913年3月4日付の手紙。
21) 1913年3月17日付の手紙。

身近な不正や理不尽を許さない，正義感と怒りの青年ワロン。既に触れたバール・ル・デュックのリセでの学校運営の偽善に対する告発[22]や，哲学者クザン（Cousin, V.）がソルボンヌに寄贈した蔵書の閲覧権が教授たちに独占されていることへの抗議[23]が，激しい語彙を用いて語られる。

　芸術に魅了される青年ワロン。コレット（Colette, S. G.）の小説への感嘆[24]と，ラヴェル（Ravel, M.）の「ダフニスとクロエ」を踊るニジンスキー（Nijinski, V. F.）のロシアバレエへの熱中[25]が，率直に吐露される。

　ワロンが"情動の人"であると言うとき，これまで表立っては，彼の強い正義感や臨床実践や政治の場での行動力がその証左として指摘されることが多かった。しかし同時に，ワロンの中に"詩人"としての資質を認めることが，後に展開される彼の発達論の中核的アイデアを理解する上で重要なのではないかと，筆者は考える。以下では，折にふれて，この点に言及していきたい。

5. 青年後期――第一次世界大戦，そして結婚

　1908 年の暮れ，指導教授のデュプレ（Dupré, E.）によって理由なく引き延ばされていた博士論文の審査がやっと終了し[26]，ワロンは晴れて医学博士となった。しかし，彼はこの時点では未だ，自分のなすべき将来の仕事について，明確なプランを持ってはいなかったようである。既にこのときには，神経解剖学者ナジョットの助手のポストを得て，ビセートル病院（男性診療専門）およびサルペトリエール病院（女性診療専門）で働いていたが，1909 年 1 月 13 日のドダン宛ての手紙では率直に，これからの方向性が未だ定まらないこと，そんな中では精神の安定のためにも現在の

---

22) 1903 年 1 月 25 日付，3 月 26 日付の手紙。
23) 1913 年 5 月 21 日付の手紙。
24) 1913 年 4 月 28 日付の手紙。
25) 1913 年 6 月 22 日付の手紙。
26) 1908 年 11 月 7 日付の手紙。

仕事に集中することこそ重要なことを，自らに説くように書いている。この「現在を一生に匹敵するかのごとくに生きる」という処方は，おそらくは1907年の兵役の際に，近未来に対する強い不安から精神の自由を確保するため，ワロンが自ら編み出した一つの態度であったと思われる。[27]

　このときから1914年夏に第一次世界大戦が勃発するまで，ワロンは次第に大人の臨床から児童臨床へとその診療活動の軸足を移していくことになる。ワロンの発達理論の形成史を丹念に辿る仕事を行っている坂元（2008）によると，大人の患者を対象とした博士論文『迫害妄想』執筆以後，大戦が始まるまでの間に書かれた10編の論文のうち，8編は子どもの身体的・精神的病理を扱った病理学的症例研究であり，ワロンの臨床実践と研究関心が大きく子どもを対象とする方向に変化していったことがわかる。それがなぜであったのか？　レヴィ＝ブリュールから受け継いだ「心理の発生」への哲学的・心理学的関心が必然的に彼を子ども研究へと導いたのか？　あるいは，当時の社会病理現象の集中的表現としての「子どもの悲惨」にワロンは最も心動かされたからなのか？　あるいはまた，多分に偶然的な事情の重なりから，つまり，日々の臨床実践の「現在への集中」からたまたま生まれたのか？　筆者には今のところ答えはないが，おそらく，そのいずれでもあったのではないだろうか。

　ワロンが臨床医としての生活を送る間に，ヨーロッパの政治情勢は，フランス・イギリス・ロシアの三国協商（連合国）側とドイツ・オーストリア＝ハンガリー・イタリアの三国同盟側との対立が深刻化していた。この対立は，1914年6月28日にオーストリア＝ハンガリー帝国の皇太子が暗殺されたことをきっかけに，一挙にヨーロッパ全体を，さらには世界全体を巻き込む戦争へと発展した。フランスでは8月1日に総動員令が発布され，翌々日の3日からドイツと戦争状態に入った。[28]

27）1909年1月13日付の手紙。
28）以下，第一次大戦に関しては，主に桜井（1999）と山下（2010）の二つの文献を参考にした。

同年 8 月 2 日の手紙には，ワロンは 8 月 1 日に予備役として招集され，翌々日，戦場に向けて発つことになったこと，シャンパーニュ地方から急遽戻ってきた父とは会えたが，避暑地に滞在中であった母とは会えなかったこと，戦火を前にして，夕立と蒸し蒸しする暑さの中でパリの街を行き交う女性たちがいっそう美しく見えたことなどが，切迫感をもった詩的な表現で記されている。2 日前の 7 月

図 1-9　第一次大戦の塹壕戦陣地
(Audoin-Rouzeau, S. & Becker, A. (1998) *La grande guerre 1914-1918*. Paris: Gallimard. p.31 より)

31 日夜には，国際的にも国内的にも平和主義のシンボル的存在であったジャン・ジョレス（Jaurès, J.）が右翼愛国主義者によって暗殺され，フランス全体が雪崩を打って戦争の熱狂に包まれていく中で，社会主義者ワロンは複雑な思いを胸に抱きつつ，戦線へと旅立って行くことになる。

　開戦前は，参戦国の国民のいずれもが，短期決戦で自国が勝利すると信じていた。しかし，事態はいずれの側の予想をも裏切る展開となる。当初，攻勢に出たドイツ軍は 9 月初めにエッフェル塔を望む地点までパリに接近したが，その後，英仏軍が反撃し，戦線は北フランスのエーヌ（Aisne）川沿いで膠着状態となり，両軍が塹壕に身をひそめて対峙する陣地戦となった。この状態での一進一退が以後 4 年も続き，フランスとドイツのいずれにも 100 万人以上の未曾有の数の死者を出すことになるのである。

　その塹壕戦の渦中にワロンはいた。1914 年 12 月 15 日付けの前線からの手紙で，ワロンはこの塹壕戦がいかに悲惨で非人間的なものであった

かを友に書き送っている。

「ここでは状況は相変わらずです。もう40日間交替もさせてもらえず，塹壕に留まったままです。記録的なことです。兵士は消耗しきっています。……一昨日には，我々の隊の大佐が自殺しました。気がいいけれども，意志の弱い男でした。危険を顧みないところがあるのに，極端なほど感じやすい男でした。傷痍兵の前では，恐怖でほとんど子どものように顔を引きつらせていました。あまりに人間的で，戦場の仕事には耐えられなかったのでしょう」

　ドイツ軍の塹壕からわずかに80mの自軍の塹壕の中で，いつ果てるとも知れない緊張を強いられる兵士たち，それに耐えられず，ある者は自殺し，ある者はまったくの感覚麻痺に陥り，やがては塹壕に溜まる泥水の不衛生から発したチフスの蔓延によって，戦闘の前に死んで行く。これがワロンの見た戦争の現実であった。彼は戦後，1919年と1920年の2年間に集中的に戦争神経症についての論文を書くが，この戦場での体験がベースになっていることは言うまでもない。また，おそらくは，この体験が，後のワロンの発達論の中核をなす「緊張性の機能」への注目を決定的としたことは想像に難くない。

　開戦からほぼ10カ月間，ときに後方支援に回されたことはあっても，ワロンは戦闘の前線で医師として働いた。その後，大戦の期間中，彼の従軍医としての生活がいつまでどのように続いたかは，定かでない。しかし，大戦の期間，ワロンは戦場にあっても戦後の平和について常に思索し，軍備反対論者，平和主義者として自らを鍛え上げていく。戦前の政

---

29) 第一次大戦の北部戦線における塹壕戦の悲惨は，フランス映画『ロング・エンゲージメント』（ジャン＝ピエール・ジュネ監督，2004年）の中で見事に再現されている。
30) 1914年12月15日付の手紙。
31) 1915年6月4日付の手紙。
32) 坂元（2008）によると，1917年1月から1918年11月まで再び動員され，衛生隊の隊長として働いたという。ただし，筆者は，この事実を記した資料は未見。
33) 1914年10月27日付，1915年1月9日付，1915年2月7日付の手紙に，このような思索が縷々と記されている。

治青年ワロンは，戦争の体験を潜って，国家の枠を越えた視野に立つ，国際連帯の思想に支えられた平和運動家へと成熟していったのである。

　大戦が4年目を迎えた1917年は，膠着状態にあった戦況にも変化の兆しが現れた年である。まず，年が明けるとロシアで2月革命が起こり，皇帝が退位に追い込まれた。4月にはレーニン（Lenin, V.）が10年に及ぶ亡命先から帰国し，民衆の反戦気分が次第に高まるとともに，交戦国間での和平をめぐる駆け引きも活発になる。そして，11月にはついに，ロシアでレーニンの指導する世界初の社会主義革命が成就する。

　このような中，ワロン自身の私生活にも，大きな変化が生じた。1917年9月15日，ワロンはジェルメーヌ・ルッセイ（Germaine Roussey）と結婚した。ワロン38歳，ジェルメーヌ24歳のことである。ワロンが14歳年下のジェルメーヌとどのように知り合ったのか，その事情は定かでない。しかし，血縁の人々の証言によると[34]，ジェルメーヌが庶民階層の出身であることを理由に，ワロン家の側はこの結婚に反対であったという。ジェルメーヌ自身は，聡明で明るく陽気な（gaie）性格の持ち主であり[35]，思想的には社会主義に早くから共鳴し，ワロンと多くを共有できる人であった。また，後には，子どもの道徳観念についての単著（Wallon, G.H., 1949）を出版するほどの心理学の研究者でもあった。

　結婚から4カ月半後，1918年2月1日に父ポールが亡くなる。そして，その年の11月11日には，いつ果てるともなく続くように思われた第一次世界大戦が，ドイツの敗北，フランスを含む連合国側の勝利によって，やっと終わった。戦争から解放され，1年の間に私生活でもライフサイクル上の二つの大きな変化を経験することによって，ワロン自身の長かった周回遅れの青年期にも，ようやく一つの区切りがつこうとしていた。

34）注7に記したギイ・ワロン氏，および注6に記したフィリップ・ワロン氏の証言。
35）注7に記したジュヌヴィエーヴ・ワロン氏の証言。ワロン家の毎夏の習慣であったプティット・ダール滞在には，アンリ・ワロンもジェルメーヌを伴って参加していた。

6. 壮年前期――「発達の理論家ワロン」の誕生

1920年、41歳のとき、ワロンはパリ大学ソルボンヌ校の講師（chargé de cours）に任命され、児童心理学を講ずることになる。既に記したように、1908年に医学博士論文を書き上げたあと、ワロンの臨床活動は次第に大人から子どもへとシフトしていった。第一次大戦が始まる前の1914年の時点では、既にかなりの数の子どもの臨床事例が集まっており、戦後再び元の職場に復帰したワロンには、こうした子どもたち（そのほとんどは、現在で言うところの発達障がい児であったと推定される）の事例を基に、人間の精神発達の過程を遡行的に描き直してみようとする理論的な仕事が待ち受けていた。ソルボンヌでの講義は、彼自身のオリジナルな理論を試行錯誤しながら築いていく上で、またとない自己練成の機会となったであろう。多くの優れた理論家がそうであったように、ワロンの講義はやがて著書として形をなす内容を先取りして学生に語りかけるものであった。1930年前後にワロンの講義を受講したグラチオ＝アルファンデリ（Gratiot-Alphandéry, 1992）が、「その内容は後の『性格の起源』の第一段階を構成するものであった」と報告しているように、1920年から始まった講義も、ワロンの最初の本格的な著書『騒がしい子ども（L'enfant turbulent）』に繋がるものであったと思われる。

『騒がしい子ども』は、1925年に文学博士論文として書き上げられ、同年に出版された（Wallon, 1925）。この

図1-10　50歳頃（1920年代後半）のワロン

この写真は50歳頃にしては若すぎるようにみえる。しかし、ちょうどこの頃（1929年）に初めてワロンの講義をソルボンヌで聴講したザゾは、彼の「声の若々しさ、物腰の若々しさ」がとても印象的であったことを書き残している（Zazzo, 1975/1978）。ちなみに、同じ箇所では、ワロンは背が高く髪は赤毛（roux）、声は高めでまったくわざとらしさのない話し方をする人だった、と記されている。（Ph. Wallon氏提供）

著書によって，ワロンは文字通り「発達の理論家ワロン」になったと言われている。このときワロンは46歳，後にライバルと見なされるようになるピアジェが既に20歳代半ばで自らの発達理論の骨格を構築し終えていたことと比較すると，いかに"遅咲き"であったかが窺い知れよう。

『騒がしい子ども』は，ワロンの主要著作の中でも際立って難解な著書である。難解である理由は二つある。まず挙げられる理由として，この本では214の子どもの病理的な症例の分析に基づいて議論が展開されているが，症例に用いられる記述概念や診断概念，またその理解のために援用される神経生理学的知見は既に100年近く前のものであり，現在用いられている概念や知見とは大きく異なっているため，精神医学，臨床心理学，脳科学の多少の知識があっても，ワロンの記述自体をそのまま理解するのは容易でないということがある。例を挙げれば，100年前には発達障がいの主要な診断カテゴリー（自閉症，ADHDなど）は存在しなかったし，脳の解剖学的・神経学的知見も現在から見ると遥かに限定的で，かつ誤りもあった。この二つの事実を考えてみただけでも，この種の難解さの性質が了解されよう。第二の理由は，『騒がしい子ども』全体の根底を貫くワロン発達論のロジック理解に関係している。この著作で，ワロンは，児童精神病理学から発達心理学を立ち上げる試みに挑戦した。つまり，病理的事例に見られる，適応的形態からの乖離やその後退過程は，定型発達の子どもの変化を遡行的に拡大して示しているはずであり，そうであれば，逆に前者の事例の詳細な観察から，後者の発達を再構成できるはず，それも，段階論的な再構成が可能となるはず，と彼は考えた。このロジックを十分な納得をもって，著書の中で具体的に追っていくことが，実はきわめて難しい。

以上のような困難に直面するとしても，『騒がしい子ども』においてワロンが行った二つの画期的な理論的問題提起を，私たちは読みとることができるだろう。

その第一は，ワロンがこの著書の中で，「関係の生活（la vie de relation）」

図1-11 児童心理生物学研究室があったブローニュ・ビヤンクールの小中学校（筆者撮影）

と「身体（内）的生活（la vie organique）」と呼んだ対比に関わる。後の第4章の「アンリ・ワロンの発達思想のエッセンス」において詳しく述べるが，ワロンの時代の心理学は（そして現代の心理学もまた基本的には），知覚－運動（行為・行動）－意識（表象）の3項のいずれか2項の関係に焦点を当てて人間を捉える心理学であった。それに対して，感覚器官を通して捉えられ行動となって現れる外部世界との関係を中心とする系（関係の生活）と，身体内部の力動的な変化を中心とする系（身体（内）的生活）とを区別し，その両者の複雑に絡み合う展開を人間の発達と見る思想が，この本において初めて提起された。中でも，身体（内）的生活の中心に情動機能だけでなく姿勢機能を見ようとした点に，ワロンの発達論の決定的なオリジナリティがあった。

　第二は，第一の根本的な人間発達の捉え方に基づいて，子どもの発達の全体性を視野に入れた段階論を提起したことである。この段階論においては，「関係の生活」（つまりは外部世界に向けられた行動の適応的側面）と「身体（内）的生活」（つまりは子どもの内部世界の充実化＝自己形成の側面）が交替で優勢となって高次化していくプロセスが描かれる。

　さて，以上の二つのうちの，特に第一の点については，後に詳しく解説することにして，ワロンの個人史の道程に再び戻ることとしよう。

　1925年には，ワロンが発達の理論家として確たる歩みを始めた指標となる，もう一つの大きな出来事があった。この年，パリの郊外ブローニュ・ビヤンクール（Bourogne-Billancourt）の小中学校（小学校と中学校の併設校）の中に，ワロンは児童心理生物学研究室の体制を整えた。[36]

---

36) Wallon（1953/1983）では，児童心理生物学研究室の開設を1923年に遡るとしている。

ブローニュ・ビヤンクールは，当時，パリ都市圏内で最も発展著しい工業地区であった。1929年にはルノーの大自動車工場が地区南部のセーヌ川沿いに建設されたこともあって，第二次世界大戦後も1970年代に至るまで，この地区は労働運動の一大拠点としてフランス人の記憶に残っている。

　研究室と言っても，はじめは学校の教師の更衣室を転用した部屋を使って，所員はワロン自身と夫人のジェルメーヌ，学校長のファルギエール（Falguière）の三人のみで無報酬，維持費と設備費の予算もゼロという有様だった。個人的な寄付によって最小限のものは賄い，使用する器具のいくつかは生徒の親たちやルノー工場の労働者たちが無料で作って持ち寄ったという。1930年代半ばに研究室の最初の助手となって働いたグラチオ＝アルファンデリの回想によると，ワロン自身も校長と協力して，子どもの手の器用さや注意力を測定する簡素な装置を工夫し，自ら作ったりしていたとされる（Gratiot-Alphandéry, 1992）。

　研究室が大学（École Pratique des Hautes Études）付属の研究室となって，1939年にパリ市内の国立職業指導研究所（INOP）内に移転するまで，ワロンはここで毎週木曜日に子どもの診療活動を行い，別の日には高等師範学校やソルボンヌの学生たちが心理学の実習と子どもの検査を手伝うために定期的に訪れた（Zazzo, 1993）。やがて，生徒の職業指導相談も市の要請で始まり，助手のグラチオ＝アルファンデリが担当したという。ブローニュ・ビヤンクールの研究室は，1920年代後半と1930年代を通じて，ワロンが発達障がいの子どもたちと出会い，自らの発達思想を鍛えながら，学生たちの教育に携わる活動の拠点であり続けた。実践と研究と教育が，ブローニュ・ビヤンクールという一つの場所で同時進行したことは，もちろん偶然ではない。ワロンの子ども観や研究・教育観の端的な反映がそこにあった。

　『騒がしい子ども』出版以後の1920年代後半の5年間，ワロンは発達の理論家としてのキャリアを順調に歩んだ。医師ワロンから心理学者ワロンへの変貌の過程は，この間に出版された2冊の本のタイトルにも窺

い知ることができる（『精神病理の心理学（Psychologie pathologique）』(Wallon, 1926/1965)，『応用心理学の原理（Principes de psychologie appliquée）』(Wallon, 1930/1966)）。この期間で特筆されるのは，1928年5月にフランス哲学会主催のシンポジウムが開催され，そこで初めて，ピアジェと顔を会わせたことである。当時新進気鋭の若手心理学者として注目を浴び始めていたピアジェは，求めに応じて『子どもの思考の三つのシステム』と題する発表を行った。ワロンはその発表に対するコメンテータとして登壇し，特に「知的発達と社会性の発達の関係」についてのピアジェの考え方に鋭い批判を加えた。「個性的存在の社会化か（ピアジェ），社会的存在の個性化か（ワロン）」という対立図式として後に語られることになるピアジェ×ワロン論争は，このシンポジウムでのワロンの批判に端を発している（加藤・日下・足立・亀谷，1996）。

1930年代に入ると，1929年秋にアメリカから始まった経済大恐慌が世界中に波及し，そのためヨーロッパの政治情勢も急速に不穏なものとなっていった。ドイツではヒトラー（Hitler, A.）のナチスが台頭し，1933年1月にはついに政権を握るに至る。フランスでも左右の政治勢力の対立が激化していった。

そんな中，ワロンは反ファシズム陣営に与する政治参加の姿勢を鮮明にしていく。1931年には文化サークルとして作られた"新しいロシアの会"のメンバーとなり，同年，第7回国際心理工学会大会（Congrès international de psychotechnique）に参加するため，初めてソビエト連邦を訪問している。このとき，ロシアの心理学者とどのような交流があったのか，ヴィゴツキーと面識を得たのか等々のことは定かでない。しかし，ヴィゴツキーが亡くなって2年後の1936年には，彼の後継者ルリア（Luria, A.）からワロンのもとにヴィゴツキー追悼特集号（雑誌名は不明）への寄稿に感謝する1通の仏語の手紙が届いている。また，日付は不明であるが，ルリアがワロンの求めに応じて，ソビエト心理学の現状を紹介

図1-12　1937年に人民戦線の戦い支援のためにスペインを訪れたワロン
大砲の右横に立っているのがワロン。（Ph. Wallon 氏提供）

した内容の英語で書かれた手紙が，ワロン資料文庫に残っている[37]。このことからすると，ロシアの心理学者との間に一定の交流があったと言えるが，理論的な相互影響が実際にあったという証拠は今のところ明らかとなっていない。

また，1934年には，哲学者アラン（Alain, E.）や物理学者ランジュヴァン（Langevin, P.）によって創設された「反ファシスト知識人による監視委員会（Comité de Vigilance des Intellectuels antifascistes）」に参加し，1936年にスペインで人民戦線政府とファシスト反乱軍との間に内戦が始まると，人民戦線を支持する活動に積極的に加わっている（Wallon, 1936/1983）。

1920年代末からの「新教育運動」への積極的な関与も，この時期のワロンの活動を語る上で忘れてはならない事項である。「新教育運動」とは，第一次大戦後の1921年に始まった進歩主義的な国際的教育運動で，それまでの教え込み中心の教育に代わって，子どもの自主的・主体的な活動を

37）筆者は，2012年8月にパリの国立公文書館にあるワロン資料文庫の中でこの手紙を閲覧することができた。

尊重し，人権と国際連帯の精神の涵養を図るとする目的を高く掲げていた。ピアジェやモンテッソリ（Montessori, M.）も初期の頃からこの運動に参加している。ワロンは，1929年から1930年代を通じて，8編の論評をこの運動の機関誌『新しい時代のために（Pour l'ère nouvelle）』に寄稿している。この時期から，子どもの教育について発言する機会が増え，発達心理学者ワロンは教育心理学者ワロンとしても活躍することになる。

7. 壮年後期——第二次世界大戦，そしてレジスタンス

1925年の『騒がしい子ども』でその骨格が示されたワロンの発達論は，1934年に『子どもにおける性格の起源（Les origines du caractère chez l'enfant）』（Wallon, 1934/1965）において，より整理されてくっきりとした輪郭を現すようになる。この本は久保田正人による優れた邦訳があり，現在，日本語で通読できるワロンの本のうち，彼の発達論の中核を知るのに最も適した本である。さらに言えば，3歳までの自我形成論が精緻に展開されているだけでなく，表象発生問題についての重要なアイデアが随所に開陳されているという点でも，この本がワロンの著書の中で最も読むに値する本であることは間違いない。

この『性格の起源』によって，フランスを代表する最も優れた「発達の理論家」としてのワロンの評価は定まった。このことが，1937年のコレージュ・ド・フランスの教授就任に繋がったと言っても，過言ではない。コレージュ・ド・フランスは，大学やエリート養成機関である高等専門学校とはまったく別系統のフランス独特の高等教育機関で，各専門領域の最高の研究

図1-13　コレージュ・ド・フランスの建物（筆者撮影）

者のみがその教授ポストに任命され，講義は万人に開放されることが原則となっている。フランスの学問的世界の頂点と見なされているそのポストに，ワロンは就任することになったのである。58歳のことであった。

　ワロンは自ら社会的地位を望む人でなかったし，それまでの一回り遅れの学問的キャリアから推し量って，このポストへの推挙は本人にとっても意外だったのではないだろうか。この選考の経緯については，高等師範学校の同窓生で，既に先にコレージュ・ド・フランスの教授職に就いていた実験心理学者のピエロンと歴史学者のルシアン・フェーブル（Febvre, L.）の二人の強い後押しがあったことがわかっている。しかし，何の異論もなく実現したわけではなく，2回目の推挙でやっとワロンに決まったという。

　コレージュ・ド・フランスの教授就任は，功成り名を遂げて社会の頂点に立つことであり，ふつうの学者であれば，その後は社会的尊敬に包まれて波風の少ない晩年を送ることになるはずである。ところが，ワロンの場合，まったくそうはならなかった。60歳を越えてからも，時代の荒波を真正面から受けとめる生き方を，彼は選んでいく。

　1938年3月に，ナチス・ドイツは，オーストリアを併合し，1939年3月にはチェコに侵入，そして1939年9月1日についにポーランドへの進撃を開始した。3日には，イギリス，フランスはドイツに宣戦布告し，こうして第二次世界大戦が始まった。開戦から翌年の1940年春にかけては，ドイツの軍事行動はポーランド，ついでデンマーク，ノルウェーで展開されたため，フランス側は国境沿いの防衛陣地「マジノ線」の内側にこもって攻撃を待つという，一見弛緩した状態が続いた。しかし，1940年5月10日，ついにドイツ軍はフランスに向けて怒涛の進撃を開始し，6月14日にはパリに入城する事態になる。以後，国土は北のドイツ占領地区（パリが含まれる）と南の「自由地区」に二分され，南はヴィシーに本拠をおく傀儡政権が統治することになった（柴田，2006）。

　ナチスの厳しい占領政策は，教育の分野にも即刻適用された。まず，コ

図1-14　1940年6月のドイツ軍のパリ進駐
（Ph. Wallon 氏提供）

レージュ・ド・フランスでは，1930年代の反ファシズム知識人監視委員会の創設者の一人で，当時最も高名な科学者であったランジュヴァン教授が10月30日に逮捕され，続く11月11日の第一次大戦休戦記念日にはそれに抗議する数千人の学生のデモが起こる。ドイツ軍は報復として大学を1カ月余にわたって閉鎖した（渡辺，1994）。1941年になると，禍はワロンにも及び，ヴィシー政府は彼のコレージュ・ド・フランスでの講義を全面禁止した。ワロンから聞いたそのときの話を，ザゾは後に次のように書き留めている（Zazzo, 1983, 1993）。

ワロンはこの措置に抗議するため，ヴィシーまで，傀儡政権の文部大臣カルコピーノ（Carcopino, J.）に会いに出かけた。カルコピーノは高等師範学校のワロンの同級生で，自身もローマ史が専門の歴史学者であった。ワロンの抗議に対して，カルコピーノは次のように答えた。「君の講義を私が率先して禁止したのは，君を守るためだよ。ドイツ軍の逮捕が差し迫っていたからね。私はポール・ランジュヴァンにも同じような措置をしたのだが，彼は理解しようとしなかった。だから，彼は今，ドイツ軍の手のうちにある。どうだね。研究仲間と一緒に，ヴィシーに来ないかね。自由に何でもできるあらゆる便宜を提供するよ。研究室もパリと同じように運営できるようにするから」。

ワロンはこれに激怒して叫んだという。「パリを去らなければならないのは，ドイツ人のほうだ，私ではない！」と。

1941年6月にドイツ軍はソ連にも攻め入った。戦線はヨーロッパ東部に拡大し，一方フランス国内ではドイツ軍に対する抵抗運動が次第に組織され始める。当然のことながら，それと反比例するかのように，ナチスの

占領政策にもいっそうの厳しさが加わるようになった．1942年5月には，ワロンより一世代若い哲学者のポリッツェル（Polizer, G.）と物理学者のソロモン（Solomon, J., ランジュヴァンの娘婿）が逮捕され，銃殺刑に処せられる．二人は共に共産党員で，大学内のレジスタンス組織の機関紙『自由の大学（L'université libre）』の編集責任者であった．この事件は，ワロンに大きな衝撃を与えた．そのあと，ワロンは当時非合法のフランス共産党への入党を決意する．63歳のことであった．

図1-15 パリ解放を呼びかけるワロンの署名入りの「自由の大学」新聞（ワロン資料文庫にて筆者撮影）

既に高齢であったワロンのレジスタンスの活動がどのようなものであったかは，十分なことはわからない．しかし，ザゾの証言によると，ワロン自身の日常は，地下活動と言ったイメージとは程遠い，戦争前と変わらない，それゆえ驚くほど無防備に見えるものであったようである．1944年春のある月曜日，ゲシュタポ（秘密警察）の捜索の危険が迫って，ザゾが家からも研究室からも離れて一時身を隠すよう説得したとき，ワロンは「ここを離れない．木曜日には（毎週診ている）子どもたちが待っているから」と言ってきかなかったという．「先生を必要としているのは子どもたちだけではないんですよ．これはレジスタンスの名による命令です」，ザゾはこう言ってやっと説得したが，結局ワロンは，移った先の隠れ家から数日で自宅へ戻ってしまったらしい[38]．

幸い，ワロンはレジスタンスの期間を通じて，逮捕を逃れることができた．その結果，1944年8月のパリ解放直前には，レジスタンス国民会議

---

38) このエピソードは，Zazzo（1983, 1993）の文献の両方にある．両者は微妙に記述が食い違っているところがあるが，ここでは，両方を参考にしてエピソードを再現した．

(le Conseil national de la Résistance)により国民教育省事務総長(Secrétaire général à l'Éducation nationale)に任命され，市街戦の末，国民教育省の建物がレジスタンス側の手に落ちると，真っ先にここに駆けつけて，パリ解放の象徴的な場面の中心人物となる。その後，わずか3週間ではあったが，イギリスに亡命政府を打ち立てていたド・ゴール（de Gaulle, Ch.）がパリに帰還するまで，実質的には教育大臣に相当する働きを，ワロンはこの建物内で行ったのである。

　1945年5月7日，ドイツが降伏し，ほぼ6年にわたる長い戦争の時代が終わって，ヨーロッパにやっと平和が訪れた。この期間は，ワロンの60歳から66歳直前までにあたる。この年齢を確認して改めて驚くのは，講義を禁止され，レジスタンスの戦いに加わりながら，ワロンは生涯に上梓した単著9冊のうちの3冊をこの戦争期に執筆していることである。『子どもの精神的発達（L'évolution psychologique de l'enfant）』（Wallon, 1941/1982）『行為から思考へ（De l'acte à la pensée）』（Wallon, 1942/1962）『子どもにおける思考の起源（Les origines de la pensée chez l'enfant）』（Wallon, 1945/1968）の3冊である。いずれもワロン理解には欠かせない本であるが，特に前2冊の邦訳は必ずしも読みやすいとは言えず，改訳が望まれるところである。

8. 晩年――戦後の日々

　戦後のワロンを語るときに，まず挙げなければいけないのは，「ランジュヴァン＝ワロン計画」である。パリ解放後に成立したド・ゴールの臨時政府の国民教育相であったキャピタン（Capitant, R.）は，1944年11月に戦後のフランスの教育改革の指針となる計画案を19人の委員に委嘱した。この委員会では，最初はランジュヴァンが，1946年12月に彼が亡くなってからはワロンが委員長となって議論をリードし，1947年6月になってやっと案が出来上がり公表された（Bautier & Rochex, 1999）。これ

は、戦後のフランスばかりか、世界の教育のこれからの改革指針となる画期的な内容の教育計画であり、それゆえ、当のフランスですぐには実現されるに至らなかったが、世界中の進歩的教育運動がめざすべき一つのひな型となるプランとして、戦後長く高い評価を受け続けた。

　このプランの中で特に触れておきたいことが一つある。それは、心理学と教育学の両方の専門性を備えた学校心理士（psychologue scolaire）の資格を国家資格として整備し、こうした資格を持つ人々が学校の中で教師と一緒になって、子どもの成長と適性に応じた教育方法や教育プログラムの改善にあたる制度を創ることが、世界で初めて具体的に提案されたことである。フランスでは、この制度は戦後いち早くパリから全国に広がっていったが、我が国を含め世界でこのような制度が導入されている国は未だ少ない事実を見ると、ランジュヴァン＝ワロン計画がいかに先見的であったかがわかる。

　さて、第二次大戦後、ワロンは1949年に70歳となりコレージュ・ド・フランスを退職する。しかし、戦中のレジスタンスの活動や戦後のランジュヴァン＝ワロン計画によって、彼の名声はフランス語圏を越え、1950年代を通じてますます世界的に高まっていった。ここで「世界的に」と言った場合、実は留保が必要である。つまり、第2章で述べるように、ワロンは1950年代を含めて英語圏ではほとんど紹介されずに、今日に至っているからである。したがって、ワロンの名声とは、戦後の米ソ対立の冷戦構造のもとで、二つに引き裂かれて成立した名声であると言ってよいかもしれない。いわゆる自由主義（資本主義）陣営における完全な無視と社会主義や労働組合運動に共感する人々による"神格化"が合わせ鏡となったワロン評価の戦後史は、ワロンにとってだけでなく、今を生きる私たちにとっても不幸なことであったと思う。

　しかし、ワロン評価の変遷史にはこれ以上踏み込まず、再びワロンの晩年の個人史を最後まで辿ってみることにしよう。

　1953年に、共同研究者であり同志であった妻ジェルメーヌが亡くなっ

図 1-16　晩年のワロン
（Ph. Wallon 氏提供）

た。14 歳年下の妻が先に逝くことになろうとは，ワロンも思いもしなかったであろう。ワロンの悲しみはなかなか癒されることはなかった。加えて，翌年の 1954 年には，自動車事故に遭って重傷を負う。以後，歩行困難となり車椅子を離れることのない生活となった。しかし，それでもワロンは，研究室から自宅に場所を移して，子どもの診療活動を続けた。毎週木曜日の診療日には，ザゾをはじめ弟子たちも彼の自宅に通ったという。

「弟子たち」という表現を使ったが，実は 1930 年代から 1950 年代にかけて，ワロンの周辺に集った人々を「弟子」と呼ぶことほど彼にそぐわないことはない。ワロンは，ザゾがピアジェの文字通り「弟子」であるイネルデ（Inhelder, B.）の前で，ピアジェ学派と同じような意味で「我々の学派」と言ったことを後で怒って咎めたという。「学派（école）だって！　どうして馬小屋（écurie）じゃいけないのかね！」と。ワロンにとって「ワロン学派」は存在しなかった。なぜなら，自分の周囲に集まる人々が一つの思考様式の型にはまることを，ワロンは徹底的に嫌ったからである。ワロンはあるとき，ザゾに言った。

「弟子は師に背くものだ。……（ザゾが戸惑うのを見て）いや，君のことを言ってるんじゃない。また，自分が君の師であるなんて言いたいんじゃない。一般的な真実を言ってるんだ。私自身，高等師範学校でフレデリック・ローの弟子だと自分を感じていたし，20 年以上にわたって，ビセートル病院とサルペトリエール病院で，ナジョットの助手として働いてきた。二人は私にとても大きな影響を与えたが，でも私は二人から離れた。いくつかの点で，私は二人に背いた。人は自分自身になるためには，他者に背かなければならない。つまり，逆説的だけれど，こうした裏切りこそ

誠実な態度の一つの形だと思わないか？」(Zazzo, 1993)

　ワロンは，事実，チームによる研究を好まなかった。たいていは一人で研究に取り組んだ。コレージュ・ド・フランスの教授になってからも，決まった秘書さえいなかったという。彼は生涯に264編の著書・論文を執筆したが，そのうち，共著論文はわずか18編に過ぎないことからも，このことが確認できる（Zazzo, 1975/1978）。

　これは，ワロンが孤高の人であったとか，孤独を好んだということではない。ワロンの周りには彼を慕い，彼の指導を受けたいという若い人たちが集まった。しかし，ワロンはいつも，歳の離れた人たちをまったく対等に扱った。ザゾは，自分が若かったときにワロンがどのような態度で自分に接したかを書き遺している。あるとき，ザゾ自身がどうしても解決の糸口を見出せない研究上の問題をワロンに相談した。ワロンには初めから答えの方向が見えていたらしい。しかし，ワロンは直接それを言わず，控えめにそれとなくヒントを何度も与えて，あたかもザゾ自身が自分でその答えを発見したと思い込ませようとしたのである（Zazzo, 1993）。

　このエピソードは，二重にワロンその人について語っている。ワロンは，自分を前面に押し出さず，気づかれないよう心配りしながら，ザゾを問題解決の発見者にしようと一所懸命になっている。ところが，その振る舞い自体が，若いザゾにさえすっかり見透かされるほど不器用なものであった。ワロンとは，終生変わらずこのような人だったのである。

　車椅子の生活となってから，最晩年の1950年代後半に，ワロンは例外的に主にユダヤ系の若い女性研究者たちと，それぞれ別個の研究テーマを設定して共同研究を行った。[39] その中の一人，ルルサは，50歳近い年齢差にもかかわらず，ザゾが述べているのと同じようにワロンが自分に接してくれたことを思い出として語っている。[40]

---

39)　本書第6章参照。
40)　筆者は，1983年9月から1985年8月までの2年間フランスに留学し，ルルサのもとで研究を行った。その間に聞くことができたエピソードによる。

図1-17　ワロン家の墓

左はパリのモンパルナス墓地にあるワロン家の墓（父ポールが建立）。右はその向かって左柱にあるワロン（上）と妻ジェルメーヌ（下）の墓碑銘。（いずれも，筆者が2012年8月に撮影）

　ワロンは1962年12月1日，83年に及ぶ長い生涯を閉じた。3日後の12月4日には葬儀が営まれ，レジスタンスの同志でありノーベル化学賞受賞者のフレデリック・ジョリオ＝キュリー（Frédéric Joliot-Curie）が，小雪の舞う中，無帽のまま棺の前で弔辞を読んだ。パリの冬の初めに典型的な寒い一日であった[41]。

引用文献

Audoin-Rouzeausm S. & Becker, A.（1998）*La grande querre 1914-1918*. Paris: Galimard.

Bautier, E. & Rochex, J.-Y.（1999）*Henri Wallon : L'enfant et ses milieux*. Paris : Hachette.

Gay, P.（1988）*Freud : A life for our time*. New York/London: W. W. Norton & Company, Inc.（ゲイ，P.（1997）フロイト1, 2（鈴木晶 訳）東京：みすず書房）

41）　ワロン資料文庫の中にある写真資料は，現在のところ，閲覧が許可されていない。筆者は，資料文庫の管理責任者キャロリーヌ・ピケティ（Caroline Piketty）氏のご厚意によって，葬儀の写真のみを特別に見せていただいた。

Gratiot-Alphandéry, H.（1976）Introduction. *Lecture d'Henri Wallon*（pp.7-39）. Paris: Éditions Sociales.（グラチオ＝アルファンデリ，H.（1983）序文（波多野完治 監訳）ワロン選集・上（pp.9-52）東京：大月書店）

Gratiot-Alphandéry, H.（1992）Autobiographie d'Hélène Gratiot-Alphandéry. In Parot, F. & Richelle, M.（Éds.）*Psychologues de langue française : Autobiographie*.（pp.31-49）. Paris: P.U.F.

加藤義信・日下正一・足立自朗・亀谷和史（1996）ピアジェ×ワロン論争．京都：ミネルヴァ書房．

金関猛（2015）ウィーン大学生フロイト――精神分析の始点．東京：中央公論新社．

河野哲也（2008）フランス心理学の誕生：なぜフランスでは「実験心理学」が成立しなかったのか．金森修（編）エピステモロジーの現在．（pp.237-288）東京：慶応義塾大学出版会．

レオンチェフ，A.A.（菅田洋一郎監訳）（2003）ヴィゴツキーの生涯．新読書社．

Lévy-Bruhl, L.（1910）*Les Fonctions mentales dans les Sociétés inférieures*.（レヴィ＝ブリュール，L.（1953）未開社会の思惟（山田吉彦 訳）東京：岩波文庫）

Lindenberg, D. & Meyer, P. A.（1977）*Lucien Herr, le socialisme et son destin*. Paris: Calmann-Lévy.

Malrieu, Ph.（1987）Extraits de la correspondence d'Henri Wallon à Henri Daudin. In, *Hommage à Henri Wallon: 2ème édition*.（pp.169-197）. Toulouse: Presses universitaires du Mirail（Toulouse）.

Nicolas, S.（2002）*Histoire de la psychologie française*. Paris : Presse édition.

Piaget, J.（1952）Jean Piaget（Autobiography）. In E. G. Boring（Ed.）, *A history of psychology in autobiography, Vol. 4*（pp.237-256）. Worcester MA: Clark University Press.

坂元忠芳（2008）アンリ・ワロンにおける人間発達思想の誕生：第一部 *L'enfant turbulent* 研究に向かって．私家版．

桜井哲夫（1999）戦争の世紀：第一次世界大戦と精神の危機．東京：平凡社．

桜井哲夫（2004）「戦間期」の思想家たち．東京：平凡社新書．

柴田三千雄（2006）フランス史10講．東京：岩波書店．

Wallon, G. H.（1949）*Les notions morales chez l'enfant : essai de psychologie différentielle（filles et garçons）*. Paris: P. U. F.

Wallon, H.（1909）*Délire de persécution: Le délire chronique à base d'interprétation*. Paris: J. Baillière.

Wallon, H.（1925）*L'enfant turbulent: Étude sur les retards et les anomalies du développement moteur et mental.* Paris: Félix Alcan.（Wallon, H.（1984）*L'enfant turbulent. 2ème édition.* Paris: P.U.F.）

Wallon, H.（1926）*Psychologie pathologique.* Paris: Félix Alcan.（ワロン，H.（1965）精神病理の心理学（滝沢武久 訳）東京：大月書店）

Wallon, H.（1930）*Principes de psychologie appliquée.* Paris: Armand Colin.（ワロン，H.（1966）応用心理学の原理（滝沢武久 訳）東京：明治図書）

Wallon, H.（1934）*Les origines du caractère chez l'enfant.* Paris: P.U.F.（Wallon, H.（1965）児童における性格の起源（久保田正人 訳）東京：明治図書）

Wallon, H.（1936）Abandon de l'Espagne, suicide de la France（Allocution radiodiffusé）. In Gratiot-Alfandéry, H.（Éd.）, *Lecture d'Henri Wallon.*（pp.335-338）. Paris: Éditions Sociales.（ワロン，H.（1983）スペインの放棄，フランスの自殺．（波多野完治 監訳）ワロン選集・下．（pp.197-201）東京：大月書店）

Wallon, H.（1941）*L'évolution psychologique de l'enfant.* Paris: Armand Colin.（ワロン，H.（1982）子どもの精神的発達（竹内良知 訳）東京：人文書院）

Wallon, H.（1942）*De l'acte à la pensée: Essai de psychologie comparée.* Paris: Flammarion.（ワロン，H.（1962）認識過程の心理学（滝沢武久 訳）東京：大月書店）

Wallon, H.（1945）*Les origines de la pensée chez l'enfant.* Paris: P.U.F.（ワロン，H.（1968）子どもの思考の起源 上・中・下．（滝沢武久・岸田秀 訳）東京：明治図書）

Wallon, H.（1953）Le laboratoire de psychobiologie de l'enfant. BINOP, no. special, 101-103. In Gratiot-Alfandéry, H.（Éd.）*Lecture d'Henri Wallon.*（pp.335-338）. Paris: Éditions Sociales.（ワロン，H.（1983）児童精神生物学実験室（波多野完治 監訳）ワロン選集・下．（pp.227, 231）東京：大月書店）

Wallon, H.（1957）La mentalité primitive et la raison dans l'oeuvre de Lévy-Bruhl. *La Revue Philosophique, octobre-novembre.*（Wallon, H.（1968）In *Enfance*, **1-2** janvier-avril, 17-29.）

Wallon, H.（1959）Entretien avec Henri Wallon. *La Nouvelle Critique*, **108**, juillet-août.（Wallon, H.（1968）In *Enfance*, **1-2** janvier-avril, 111-117.）

Wallon, Ph.（2007）Petite encyclopédie familiale（1392-2000）: Ah, mes aïeux, quelle famille! Version 17c. non-publié.

渡辺和行（1994）ナチ占領下のフランス——沈黙・抵抗・協力．東京：講談社．

山下正太郎（2010）第一次世界大戦——忘れられた戦争．東京：講談社．

Zazzo, R.（1975）*Psychologie et Marxisme: La vie et l'oeuvre d'Henri Wallon.* Paris: Éditions Denoël/Gonthier.（Zazzo, R.（1978）心理学とマルクス主義——アンリ・ワロンの生涯と業績（波多野完治・真田孝昭 訳）東京：大月書店）

Zazzo, R.（1983）*Où en est la psychologie de l'enfant?* Paris: Éditions Denoël Gonthier.

Zazzo, R.（1993）Henri Wallon : Souvenirs. *Enfance,* **1/1993,** 3-12.

コラム1　制度形成史的観点から見たフランス心理学（1）：19世紀末〜第二次大戦前まで

　心理学史の常識では，科学的心理学の歴史は，1879年にヴントがドイツのライプチッヒ大学に心理学実験室を開設したことに始まるとされる。しかし，科学的心理学の創始国の栄誉をドイツに奪われたとはいえ，フランスの心理学もこれに匹敵する古い歴史を有していることを忘れるわけにはいかない。例えば，リボーは，ヴントの実験室開設と同じ年に発刊されたその著書の中で，ヴントやフェヒナー（Fechner, G. T.）の実験的研究をフランスに紹介していたし，自らも実験的方法の信奉者として活躍し，1888年にはコレージュ・ド・フランスの中に創設された実験心理学と比較心理学担当の教授に就任している（Reuchlin, 1957/1959）。彼に続いて，19世紀末から20世紀初頭にかけて，ジャネ，デュマ，ピエロンなどが，ドイツや英米での心理学の発展に匹敵する研究を行い，後のワロンやピアジェに繋がるフランス語圏心理学の礎を築いたことは，戦前の日本で一部にはよく知られている事実であった（加藤，2003）。ただ，ここで私たちが注意しなければならないのは，心理学の発展を考える場合，どうしても学説史的展開の面のみに目を奪われがちとなることである。優れた研究が生まれるためには，もちろん優れた個人の輩出が必要であるが，そうした個人の輩出を準備し支える人的・物的条件が，ある文化・社会の中にどのように形成されていったかという，学問の制度形成史的側面もまた，看過できない。実は，この面から心理学史を見直してみると，ワロンが活躍した1920年代から1950年代までが，フランス心理学にとってどのように特殊な時期であったかが，新たに浮かび上がってくるように筆者には思われる。幸いにも，制度形成史的側面も含んで丹念

に19世紀以降のフランス心理学の歴史を叙述した好著が，今世紀になって刊行された（Nicolas, 2002）。以下，この本を参照して，20世紀前半のフランス心理学の制度的側面から見た歴史を素描してみることにする。

心理学の学問としての制度化の歴史を辿ろうとするとき，そこには大きく言って三つの側面があるように思われる。第一は，学会や研究会組織，さらにはそうした組織によって刊行される学術誌がどのように発展・深化していったか，という面。第二は，大学を中心として，心理学部，心理学科などの独自の研究・教育単位がどのように生み出され，拡大していったか，という面。第三は，教育単位としての大学の学部・学科の創設・拡大と併せて，後継者養成や人材育成のシステムの一部をなす心理学固有の学位や資格がどのように整備されていったか，という面である。

今，第二と第三の面に限って，20世紀前半のフランス心理学の実情がいかなるものであったかを眺めてみると，その特徴は，ドイツや英米と比較しての著しい立ち遅れにあったと指摘できるであろう。ニコラ（Nicolas, S.）によると，パリ大学で初めて心理学が一授業科目として認められたのは1885年のことであり，先にも述べたようにコレージュ・ド・フランスの中に実験心理学と比較心理学の教授ポストが設けられたのも，1888年のことであった。つまり，心理学が哲学とは異なる独自の専門分野として認知された時期については，フランスはドイツや英米にけっして遅れをとっていなかった。しかし，そこから心理学固有の学位（licence）の確立に至るまでは，西欧の他の国に比べてはるかに長い道程を必要とすることになった。20世紀前半，フランスでは，文系の学部の場合，学生はリセ（高等中学校）以上の学校の1級教員資格であるアグレガシオン（agrégation）を取得することが大きな目標となっていたが，この試験の科目実施をパリ大学文学部（ソルボンヌ）が一手

に握り，長らく心理学を哲学とは別の独立科目とすることに強い抵抗を示し続けた。また，それと連動してのことであろうが，哲学から独立した心理学固有の学位の整備も進まなかった[1]。資格は本来，学問独自の発展の外部にある社会制度であるが，旧来の資格のあり方が学問の自立を妨げ，発展の桎梏となることはある。1920年代から30年代にかけ心理学に関わってフランスで起こったことは，まさにそのようなことであった。独自のアグレガシオンを有しないことによって，心理学は若い学生の多くを引きつける魅力をそがれ，パリ大学での専攻修了生は1920年代を通じて毎年一桁，30年代に入っても毎年15人から30人のレベルに留まった[2]。その結果，大学内部の心理学固有のポストの創設や学科整備にもブレーキがかかることになり，さらにはそれが新しい世代の研究者層の薄さにも繋がるという悪循環を生んだのである。

引用文献

加藤義信（2003）日本におけるフランス語圏心理学の受容——研究序説．第二次世界大戦前後における教育・社会系心理学の展開とその功罪：平成13〜14年度科学研究費補助金基盤研究（B）（1）研究成果報告書（研究代表者：足立自朗，課題番号13410032）．78-95.

Nicolas, S. (2002) *Histoire de la psychologie française*. Paris: In Presse édition.

Reuchlin, M. (1957) *Histoire de la psychologie* (Collection QUE SAIS-JE ? No.732). Paris: P.U.F.（リュシュラン，M.（1959）心理学の歴史．（豊田三郎 訳）東京：白水社）

1）ただし，1920年の学位改革では，哲学士（licence de philosophie）の中に心理学修了免状（certificat de psychologie）が作られている．当時の licence と certificat の関係は，前者が大学の専攻別学士の称号，後者がそれを得るのに必要な科目修得証明を意味したものと思われる．

2）パリ大学には，1920年になって心理学研究所（Institut de psychologie à l'Université de Paris）が創設され，以後，この研究所が大学の心理学教育を一手に担うことになった．本文中の学生数は，この研究所の一般心理学，応用心理学，教育心理学のコースを修了した学生の数である．

第2章

アンリ・ワロンの発達思想の現代性

　アンリ・ワロンの主要著作が刊行されたのは，今から70〜80年も前のことである。彼が亡くなってからも，既に50年以上が経過している。理系の最先端の研究に携わっている人々が，70〜80年前の本を繙いて議論することなどありえないように，ますます理系化する心理学においても，「今さらなぜ，心理学史上の"古典的"理論家の書物を，とりわけワロンを，読む必要があるのか」との声が上がっても不思議でない。
　そこで本章では，1980年代以降，人文・社会系の学問において生じた大きな変化と，「発達」研究へのその波及——ワロンの思想もその一つである発達のグランドセオリーの退潮——について考える中で，アンリ・ワロンの発達思想のこれまでの受容（あるいは拒絶）の歴史を振り返り，その思想が21世紀の私たちにとって，今なお生きた思想であることを論じてみたい。

1．1980年代以降の発達のグランドセオリーの退潮

　発達のグランドセオリーへの関心が後退して久しい。ここで言う発達のグランドセオリーとは，誕生から少なくとも青年期までの子どもの発達の全体を視野に入れた概念装置と段階論を有し，子どもをめぐって生ずる幅広い問題に対して答えを引き出し得る可能性への信認があった理論を指す。具体的には，ピアジェ，ワロン，ヴィゴツキーの理論，我が国では田中昌人の階層 - 段階理論がこれに当たるであろう。
　筆者が心理学を専門的に学び始めた最初の10年にあたる1970年代ま

では、これら諸理論に触れてその代表的な書物を読むことが、まずもって発達を勉強することであった。それは何も、発達心理学を専門として学ぶ学生に限ったことではない。教育学をはじめ、子どもの発達を視野に入れた周辺諸科学においても、発達のグランドセオリーについて一定の知識を持つことは、専門性の獲得過程で身につけるべき「常識」とは言えないまでも、必須の「教養」の一部だった。

しかし、1980年代以降、状況は一変する。今や、ヴィゴツキーを除いては、大学の発達心理学、教育心理学の研究室で、グランドセオリーへの理解を深めるためにその関連書物が輪読の対象になることは稀であろうし、学生たちが自主的にこれらの書物を読もうと声を上げること自体もめずらしくなっている。

なぜこのような変化が生まれたのだろうか。

最も常識的な答えは、心理学内部での研究の細分化、精緻化によって蓄積されたデータがグランドセオリーの描く子どもの発達の姿に合わなくなったから、というものであろう。あるいは、実践の場で子どもを理解し子どもに働きかける指針を授けるだけのパワーがグランドセオリーになくなったから、という答えもあり得る。なぜパワーがなくなったかには、さらにいろいろ理由が考えられる。子どもの現実がグランドセオリーの描く発達像と大きく変わってきているからなのか、人々が指針としてのグランドセオリーに求める要求水準がかつてよりはるかに高度化したからか、要求自体の内容が変わってきているからなのか。考えられるどの理由も、グランドセオリーが受け皿となれなくなった理由として、十分に吟味されてしかるべきであろう。

しかし、ここでは、心理学内部での後退理由はひとまず脇に置いて、社会思想史的水準での理由を、以下考えてみる。

その場合、さしあたり、藤本（2012）の『古典を失った大学』が大いに役立つであろう。この本では、人文・社会科学の全体で生じた「古典の失墜」という事態が論じられている。藤本によると、1980年代以降、日

本の大学教育には，「教養の概念の後退」と「古典の失墜」の二つからなる決定的な変容が起こったという。この時期には，高等教育の量的拡大がいっそう進展すると共に[1]，それと同期して根本的な次元での「知の変動」が生じた。つまり，近代の大学の諸学問を支えていた「人類の進歩」「理性への信頼」「真理への漸近的接近」という理念への疑念が生まれ，そうした理念に立脚した社会科学理論や言説が，その真理性に疑問符の付く「大きな物語」（Lyotard, 1979/1986）として，相対化されていく事態が広がったのである。1980年代末の東欧社会主義諸国の崩壊の連鎖，1991年のソビエト連邦の解体は，この「大きな物語」の終焉の世界史的事実として受けとめられた。それと共に，「大きな物語」の一部をなし，近代の知的活動に規範的な根拠を与えてきた古典としての書物——さしずめ，すぐ思い浮かぶのは，マルクスであろうか——の輝きもまた，失われたのである。

　藤本の描く，人文・社会科学における古典の地位についてのこのようなポストモダン論的現状認識には，異論もあろう[2]。しかし，この説明は，

---

1) アメリカの社会学者トロウ（Trow, M.）は，大学の発展段階を同一年齢人口層に占める高等教育在籍者の比率によって区分した。すなわち，15％程度までを「エリート段階」，15％以上50％までを「マス段階」，50％以上を「ユニバーサル段階」と分類し，それぞれの段階に応じて大学の教育・研究の質が変化せざるをえないと指摘した。藤本（2012）の4ページ参照。
2) 筆者のポストモダン論へのスタンスは以下の通りである。ポストモダン論の多くは，当然のことながら，「モダン（近代）」の次に訪れる時代（ポストモダン）の特徴や人々の精神のあり方を問題にしている。しかし，私たちが生きる現在の資本主義社会は，プレモダン（前近代）→モダン（近代）→ポストモダン（脱近代）といった時代的推移を絵に描いたように実現させてきた社会ではなく，今という時点でプレモダンもモダンもポストモダンも自らの内にまだらのように抱え込んでいる社会なのではないだろうか。また，モダンの進展によって克服されてきたはずの，プレモダンからモダンへの移行期に生まれた現象が，今になって再現されるといった円環的矛盾も生まれている。現代の最先端のポストモダン的経営を誇る有名企業（ブラック企業）が非正規雇用者を使い捨てのように働かせ，正規雇用者には長時間サービス労働を強いている過酷労働の実態や，アメリカをはじめとする先進資本主義国で進行する驚くべき貧富の格差の拡大は，エンゲルス（Engels, F.）が『イギリスにおける労働者階級の状態』で描いた19世紀的世界を彷彿とさせる。
　ポストモダン論には，ポストモダンの先駆的な特徴を現代の特徴として無自覚に敷衍する傾向があり，それはかえって，現実の多様性，複雑性の把握に有害に作用するであろう。

現象的には，発達のグランドセオリー（文字通りに訳せば「大きな理論」）に対してパラレルに適用可能と，多くの人々に感じられるのではないだろうか。とりわけ，ピアジェ理論に関しては，かなりはっきりと，そのように感じられる向きがあろう。もちろん，ピアジェ理論が"物語"であったと，筆者も軽々には判断したくない。しかし，ポストモダン論の描く近代の「大きな物語」の特質を備えた「大きな理論」であったことは間違いない。では，「大きな物語」に共通する特質とは何なのであろうか。ポストモダン論に対して自身は批判的であるイーグルトン（Eagleton, T.）の整理によれば，それは，「全体性」「普遍性」「進歩」「単一的枠組み」「真実性」「理性」「解放」といったキーワードによって表現される特質である（Eagleton, 1996/1998）。ポストモダン論は，こうした近代の「大きな物語」の特質を虚妄と言わないまでも，硬直化した現実解釈の一つに過ぎないとし，一方で，「差異」「多様性」「複数性」「流動性」といったキーワードによって表象される現実の見方をこれに対置して推奨する。

　ピアジェ理論は，確かに，認識の全領域を規定する心的操作の発達（＝ヒトはどのように「理性」を獲得するか）を対象とし，系統発生と個体発生を発生的認識論という枠組みの中に共に組み入れて「全体性」と「進歩」を具現した理論である。また，人間であれば誰でも同じように辿るとされるその発達段階論は，「実体性のある美しい標準モデル」（川田，2007）として（「普遍性」「単一的枠組み」「真実性」を担保する理論として），1950年代後半から1970年代前半まで，世界を席巻した。ピアジェ理論は，まさに，ポストモダン論が批判するモダンの「大きな物語」の要件を余さず備えていたからこそ，英語圏を含めてこのような圧倒的成功を20世紀の半ばに収めることができたのである。この状況は，1980年代以降，一挙に反転して，ピアジェ批判は発達心理学の多くの論文の冒頭を飾る枕詞にすらなっていく。

　発達心理学という個別科学の内部での動向だけを追って，発達のグランドセオリーとしてのピアジェ理論の凋落を理解しようとすれば，あたかも

実証的な研究の進展によって（とりわけ乳児研究の進展によって）ピアジェ理論への反証が積み重ねられた結果，その理論への信認が揺らぎ，それと時期を同じくして領域固有性論が一挙に影響力を持つに至った，というストーリーが描ける。しかし，実際のパラダイム・シフトは，こうした個別研究を駆動する動機部分の深部で先に生じていたと言うべきであろう。

周知のように，ピアジェ理論に代わって，1980年代以降，発達心理学の世界を席巻することになったのは，領域固有性論である。では，領域固有性論とは何であったのだろうか。それは，「一般的な問題解決能力とか推論能力とかいったものの発達があるのではなく，あるのは個々の領域，文脈でのきわめて具体的な知的有能さの増大だけ」（佐々木，1990）とする立場である。しかし，もしピアジェ理論が一つの"物語"であると主張するなら，領域固有性論自体も同等の資格において一つの"物語"である。個別研究を方向づける理論的立場には，直接の実証性を逃れた堅固な核となる命題部分が必ず存在しており（Chalmers, 1982/1985），領域固有性論とてその例外ではない。

領域固有性論に基づく個別研究は，粗い整理となることを承知で言えば，教育心理学的には熟達化論となり，発達心理学的には生得論的なモジュール論へと行きついて，いずれも「発達」概念の矮小化ないしは放棄に繋がって，今日に至っているように見える。この成り行きは，実は，発達のグランドセオリーが「大きな物語」の心理学バージョンであると見なされるようになったときから，必然であったのではないか。先に引用したイーグルトンは，次のように述べている。

「因果論に懐疑的なポストモダニズムは，いかなる類の発生論に対しても不満を隠さない。……発生論は世界にはわれわれの解釈とは関係ない，独自の内的構造があるという認識論につながり，大きな物語に利用される危険性をはらんでいるからである」（邦訳 p.55）

---

3) Eagleton（1996）の翻訳書（イーグルトン，1998）での訳語は「グランド・ナラティヴ」と原語のままとなっている。

領域固有性論を当然視する人々の多くは，自らがポストモダニストであるなどとはこれっぽっちも思っていないであろう。しかし，両者には奇妙な親和性がある。社会思想としてのポストモダニズムの反歴史主義（＝「歴史の進歩」とは一つの観念に過ぎない。あるのは多分に偶然的な出来事の移り行きに過ぎない）は，心理学における「発達」否定論と奇しくも共鳴し合う。

少し回りくどい議論となったが，発達のグランドセオリーの退潮傾向の背景に何があって，そこにはどのような問題が隠されているか，朧げながらでもわかっていただけたのではないだろうか。少し大げさな言い方をすれば，そこには「発達概念の危機」が露呈している。発達のグランドセオリーに改めて向き合う必要があるとするなら，その危機の克服のためにそこから何を救い出すべきかという問いになるはずである。それは，ここで取り上げてきたピアジェ理論の場合に限られない。

2. アメリカと日本におけるワロンの位置

さて，そこでいよいよワロンである。ワロンの発達論も20世紀中葉を代表する発達のグランドセオリーと見なされている。しかし，この認識は，ピアジェのように全世界的に通用するわけではない。フランス語圏と南米を含むラテン系諸国，それに日本を除けば，ワロンは昔も今も，無名の存在と言ってよい。特に英語圏では，その名を知る心理学研究者は皆無と言って言い過ぎでない。[4] 英語圏でも特にアメリカで，ワロンが黙殺に近い扱いを受けてきたのは，なぜであろうか。いくつかの理由が考えられる。

まず第一は，戦後の冷戦状況とその中でのワロンの政治的スタンスにか

---

4) 著名な心理学者の中での唯一の例外は，乳児研究において「間主観性（inter-subjectivity）」の概念を導入したトレヴァーセン（Trevarthen, C.）である。彼は若い頃フランスにおいて，ワロンと親交のあったパイヤール（Paillard, J.）のもとで研究生活を送ったことがあり，その乳児研究には少なからずワロンのアイデアが影響していると思われる。彼がワロンについて直接論じた論文にはTrevarthen（1993）がある。

かわる。ワロンは第二次大戦中，ナチス・ドイツに対するレジスタンス闘争に加わり，戦後もフランス共産党員として各種の国際的な教育運動や平和運動に積極的に携わった。彼のそうした政治的スタンスを知れば，冷戦下の戦後のアメリカでは，特に1950年代に文化・学術分野で吹き荒れたマッカーシズム（共産主義的と見なされる知識人への狂信的な攻撃・追放運動）の嵐の中では，色眼鏡なくしてその理論に接近するのは困難であっただろう。

第二には，「フランスの著者たちの一般的な観念，哲学的な調子にたいするアメリカ人たちの不信」というザゾが挙げている理由が考えられる（Zazzo, 1975/1978）。しかし，この理由は，1970年代以降，フーコー（Foucault, M.）やデリダ（Derrida, J.）をはじめとするフランスのポストモダン思想の多くの著作が英語に翻訳され，かつアメリカの知識階級に一定の影響力を持って今日に至っている事実を知れば，説得力を持たない。

第三として，筆者は，理論そのものの内実に関わるまったく別の次のような理由を考える。20世紀中葉のモダンの時代にアメリカが求めた発達のグランドセオリーは，ピアジェ理論のように，「小さな科学者」モデルの子ども像に基づく，一元論的で（知的有能さはすべて心的操作の発達に由来する）単線的・一方向的な進歩を語る理論であって，ワロンの発達思想はそれとは似ても似つかないものであった，という理由である。よく知られているように，ピアジェ理論のアメリカでの受容は，1957年のスプートニク・ショックを契機としている。当時，ソビエト連邦との宇宙開発競争に後れをとったアメリカは，教育の分野での立ち遅れ，特に科学教育の分野での立ち遅れを挽回するための政策的支柱となる心理学理論を求めていた。そこで白羽の矢を立てられたのが，ピアジェ理論である。子どもの科学的思考力の発達を操作の発達として明快に定義・目標設定でき，算数教育の領域で具体的なカリキュラムを提案することのできたピアジェ理論は，当時のアメリカの政策的ニーズにぴったりの理論であった。しかし，同じフランス語圏発の発達理論であっても，ワロンの思想は，冷戦下

という特殊な条件のもとでのモダンの時代が求めたこのような「利便性」や「遂行性（performativity）」とは相いれないものであった。一元論からは遠く，機能連関的な発達の見方は入り組んでおり，当時としては掴みどころのない情動や姿勢の機能を重視しながら人格意識の形成までを視野に入れたワロンの発達思想は，モダンの時代が求める「美しい標準理論」とかけ離れたものであった。仮にこの時代に，アメリカでのヴィゴツキー理論の普及に貢献したワーチ（Wertsch, J. V.）のような存在がワロンについて現れたとしても，とうてい成功はおぼつかなかったであろう。アメリカにおけるワロンへの無関心は，このような理由によって必然性があったと思われる。

　翻って日本におけるワロンの理論は，この節の冒頭で述べたように，戦後のかなり長くにわたって，発達のグランドセオリーとしての地位を保ち続けた。しかし，その権威は理論内容そのものに発するというよりは，ワロンその人の社会的活動のオーラによって多分に支えられていたと言わざるを得ない。ワロンが日本に紹介されるようになるのは，1950年代の半ばからであるが，この時代は，戦争の惨禍をもたらした戦前の軍国主義への痛切な反省と，朝鮮戦争の勃発等による戦後世界の先行きへの不安が，多くの人々の心を占めていた時期にあたる。反戦平和と社会進歩を願う運動が盛り上がり，こうした運動に参加した特に教師や子ども研究に携わる人々にとって，輝かしい社会的実践を積んだ「発達の理論家」ワロンは希望の星であった。ただ，ワロンの著作が多くの人に読まれ，教育実践の具体的な指針として共有されるところまで理解が広がったかというと，そうではなかったであろう。

　心理学分野ではどうか。ワロンの発達論は教科書的な記述としてさまざまな本に登場はしても，ピアジェ理論のように具体的なリサーチワークを刺激したり，熱い議論の対象となることはなかった。もちろん，牧（1982）や浜田（1994）など，ワロンの思想と真摯に向き合った心理学者がいなかったわけではない。しかし，「価値中立的」な実証主義的方法を重んじ

てきた日本の心理学界の中では，ワロンのような"異色の"理論家に対するスタンスは，「敬して遠ざける」が一般的であったと思われる。

このような状況であれば，アメリカと日本におけるワロンの地位が見かけ上どんなに異なっていても，発達のグランドセオリーに対する批判が喧しくなり始めたとき，事態は似たり寄ったりとなったのも道理である。つまり，どちらの国においても，ワロンはその批判の対象リストに直接的には挙がってこないことになる。アメリカではその存在そのものの不在が原因で。日本では，その理論内容の理解の不足と限定的な影響力が原因で。

この点は，ピアジェと大きく違う点である。もちろん，ワロンの思想が発達のグランドセオリーの一つと見なされる限り，ポストモダン論からは既に，ピアジェと一括りにして過去の遺物扱いされていると考えることもできる。また，マルキシズムを「大きな物語」として一刀両断にするポストモダン論にとっては，晩年特に弁証法的唯物論に自覚的に接近したワロンの「発達のグランドセオリー」も，それ自体「大きな物語」の発達版として切り捨てられるということはあるだろう。しかし，理論内容に踏み込んだ批判の対象とならないで，切り捨てられたり，忘れ去られたりすることほど，理論にとって不幸なことはない。

幸いにして，私たちの日本では，ワロンは忘れ去られてしまったわけではない。主要著作のほとんどが日本語に訳され，今でも少なからざる訳本は入手可能であり，稀には論文の引用文献欄にも彼の名は登場する。火種は絶えておらず，ワロンの思想に未来があるか否かは，読み手の私たち次第である。そのように言い得るのは，既に指摘したように，彼の発達論はモダンの時代の典型的理論ではなかったからである。そこから大きくはみ出る内容を多数孕んでいるからである。そのことは二重の意味を持つ。ポストモダン論的な議論の一部を既に先取りする視点を備えた理論であるという面と，ポストモダン論の行き着く先にある「発達概念の否定」に抗してモダンの遺産を守ることのできる理論であるという面との，二つである。ワロンの発達思想に見られるこの二重性こそが，21世紀に私たちがワロ

ンに学ぶことの必要性を裏書きしている。

3. ワロンを通して近代の発達思想の遺産を受け継ぐ

　20世紀前半に形成されたワロンの思想は，まぎれもなくモダンの理想や概念をその土台とし，その上に花開いた思想である。その点では，多くをピアジェと共有していたと言える。フランス革命によって切り拓かれた近代の人権思想に基づく人間観が，二人の発達論の根底には共通してあった。市民社会の構成単位である「理性を備えた自由な個人」の創出を理念的な発達目標とする点で，二人の間に大きな違いはなかったと思われる。ただ，ピアジェは理性の働きの形成過程にもっぱら自らの仕事を集中したのに対し，ワロンはヒトという種の一員として生まれた，もともと生物的かつ社会的存在である子どもが，いかに「自由な個人」として自らを創り上げていくかに，その関心を向けた。こうした理念的な発達目標自体を，ポストモダン論者は，虚ろな響きしか持ち得ない抽象概念だと批判するであろう。現実の歴史は，自由や平等や正義が踏みにじられてきた事例に満ちているし，自らを含めて私たちの周りに「理性を備えた自由な個人」が現実態となって至るところに存在しているわけではない。さらに言えば，「理性」や「自由」が特殊歴史的状況の中で何を意味するかも，不変ではなく流動的だろう。しかし，にもかかわらず，200年以上にわたって積み上げられてきた，近代のこうした理念自体をシニカルに嘲笑することから，別の何かが生まれるとは思えない。

　問題は，具体的で特殊的な歴史的かつ文化的状況の中で，こうした理念の今日的実現とは何かを問うことであろう。抽象的理念のありもしない実体探しをして失望するのではなく，抽象的理念の具体化に向けての遂行的な「一歩前進」を求めることであろう。

　実は，ワロンの社会的・臨床的実践とは，彼の発達思想を貫くそのような姿勢の端的な現れであった。ワロンの発達思想の土台となっている近代

の理念と，その実現に向けてのワロン的姿勢は，現在においてもなお，学ぶに足る内容を有している。

　もう一つ，発達のグランドセオリーが共通に有する近代の遺産は，「発達」の概念自体である。「発達」は量的増大ではなく，質的変換と価値的方向性が含まれた概念である。それは，とりわけ20世紀以降の近代の子ども観を前提としている。子どもは「小さな大人」ではなく，異質な心性を持った，「還元できない独自性」を備えた存在であり（Zazzo, 1975/1978），それゆえにこそ，大人との間に根本的断絶のある子どもがいかにして大人になるかという問い，つまり本来の発達の問いが必要とされたのであった。この問いが後退し，大人が「子どもの中に自分自身の投射したものだけを発見」しようとする研究がもっぱら心理学の主流となってしまえば[5]，もはや，「発達心理学」の名称自体が必要なくなってしまう。ワロンは，認識対象である子どもに大人がついつい自分を投影してしまう誘惑がどんなに強いかに常に警鐘を鳴らし続けた（Wallon, 1941/1982）。また，子どもの変化の中に隠されている「発達」の論理とは何かを最も厳しく問い続けた。熟達化という学習過程を発達と同一視する論や，モジュール論という新しい生得論が，「発達なき発達論」として影響力を広げる中で，現象間の非連続性に徹底的にこだわるワロンの発達の見方は，「発達」の概念が21世紀に生き残っていくために有用であると思われる。この点は，第4章において改めて詳しく論ずることにしたい。

4. ワロンの先駆的アイデアを21世紀に生かす

　しかし，ワロンから私たちが学ぶことのできるのは，近代の発達思想の遺産のエッセンスだけではない。ワロンは，自らは牛歩のごとくその人生を歩む晩熟型の人であったが，その思索はいつの間にか時代の先端の遥か向こうにまで進み出てしまっていた。それゆえ，彼の発達思想の中核部分

---
[5]　このような動向への批判的見解は加藤（2011）を参照。

は，存命中も，また没後の50年間にも，十分汲み尽くされないまま残されたのである。時代がやっとワロンに追いついて，これから彼のアイデアのいくつかは，21世紀の発達心理学に生かされるであろう。私たちが既存の概念装置では捉えることができなくなっている発達の諸問題に，ワロンならどうアプローチしたかを問うことによって，新しい展望が拓ける可能性を筆者としては信じたい。

そこで，以下ではこうした未来展望に繋がるワロン的アイデアのうち，特に重要と思われる二つを指摘して，この章を終えることにしたい。

その第一は，発達における情動と身体の捉え方に関わる。20世紀半ばにおけるピアジェ理論の成功は，モダンの時代の社会的要請に応え得た理論であった点に，多分に依存している。このことは既に指摘した。これにさらに追加すれば，モダンの時代が求めた人間像が，「能動的な行為者にして認知的に有能な人間」であったことも，ピアジェ理論の描く人間像とよく整合していた。しかし，20世紀の終わり頃から，人間も含めた地球環境自体の有限性が意識されるようになったこともあって，自然や社会はおろか，自らを意のままに制御しようとする人間のあり方にさまざまな立場からの疑念が呈せられるようになった（ポストモダン論もその一つの流れである）。その結果として，心理学においても人間を多面的に捉えようとする試みがさまざまな形で生まれている。認知に対する情動（感情）的側面への注目はその一つであるし[6]，また，活動や行為に収れんされない人間の身体性への関心の高まりも，もう一つの注目すべき流れである[7]。これを一方から他方への関心のシフトとしてポストモダン論的に捉えると，危うい面があることも事実だが，発達心理学においても，子どもの発達は情動や身体の問題を抜きに語り得なくなっていることは間違いない。

この点で，ワロンは先駆的である。ピアジェとの対比で，「情動の理論

---

6) 藤田（2007）らは，「認知科学」に対して「感情科学（affective science）」の構築の必要性を主張している。
7) 筆者は，発達初期の身体発達の問題を，「響き合う身体」「緊張する身体」「活動する身体」の三つの側面から論じたことがある（加藤，2004）。

家」と見なされているワロンは，単に情動を人間の全体性を構成する一側面として問題にしただけでなく，心理的なもの（psychique）と身体的なもの（organique）の関係を解く鍵として問題にした。しかし，他に先駆けてそれらを問題にしたというだけであったなら，今日の状況の中で，敢えてワロンを持ち出すまでもないであろう。重要なのは，その問題の提示の仕方，切り込みの視点が，現在も他に例を見ない，斬新なものである点である。つまり，発生における身体的なものの次元として，運動系の機能よりも姿勢系や内臓系の機能を重視して，情動をそれらと一体となった情動-姿勢機能として捉えて，人間に特有の初期発達の様相を明らかにしようとした点にこそ，ワロンのオリジナリティがあった（Wallon, 1938/1983）。

　ヒトという種の赤ちゃんは，他の高等哺乳類と異なり，運動技能の未熟をその特徴として生まれてくる。したがって，世界に対する乳児の関係は，初めから物理的対象に対する実践的な活動として始まるのではなく，同類の他者に対する身体と身体の響き合いや向かい合いとして始まることを運命づけられている。曇りのない目で発達の原点を眺めれば，乳児は情動機能を介して養育者と繋がり，続いては姿勢機能を介してその関係を発展させるのである。「抱く-抱かれる」は，乳児期初期の自他関係の基本だが，この関係自体が姿勢の相互調整であり，やがては距離を置いて子どもと他者との間に生まれる相互注視や共同注視も，背景に，"私"に向けられた他者の姿勢を受け取め，"私"も身体全体で他者に向かう志向的な構えの発達がなければ，成り立たない。

　近年は，感覚知覚機能のみならず，高次の認知機能の早期発現を強調する乳児研究が盛んだが，上記のようなワロン的視点から人間の初期発達を見た場合は，まったく違った風景が私たちの前に広がるであろう。この一点においても，ワロンの先駆性は際立っている。

　第二に指摘したいワロンの先駆性は，彼の機能連関の思想に関わる（Wallon, 1941/1982）。

発達心理学において，領域固有性論が登場して以降，異なる大きな機能間の連関を仮説的に提示したり，質的に異なる個別の現象を上位のより普遍的な概念装置によって一括して説明しようとするグランドセオリーは後退した。ワロンの発達思想は，明らかにこのような傾向を内包したグランドセオリーであったから，その意味では「過去の，古い」理論と見なされても不思議ではない。

しかし，歴史は一回りして，発達心理学は，改めて機能連関的な問いを重視し，それに答えようとする学問に戻りつつあるように感ずる。ワロンの機能連関的な発達の見方は，そうしたこれからの研究のモデルとなる先駆性を有する。

機能連関的な問いは，発達心理学にこそ重要である。ある程度出来上がった私たち大人の場合には，さまざまな心理的機能や諸能力が，比較的独立性の高い状態を保って，人によって異なるその布置がその人の個性を担保していると感じられるのが，自然であるかもしれない。言語能力は高いが算数的能力は凡庸で，社会性に乏しいが芸術的才能に恵まれている，といった，"アンバランス"は誰にでも存在し，そのことを私たちは不思議に思わない。領域固有性論が私たちの実感にアピールするのは，こういう現実があるからであろう。しかし，後の発達のある時期に成立するこうした「状態」が，どのような「過程」を経て実現するかは，また別の問題である。領域固有的な機能や能力が，初めから相互に独立なモジュールとして存在し，発達とはその顕在化でしかないとすれば，既に述べたように，子どもの変化の記述・説明に「発達」の概念は必要なくなる。

ワロンは，まったくそのようには考えなかった。例として，今，自閉症の子どものことを考えてみよう。よく知られているように，自閉症スペクトラム障がいの行動的特徴には，言語獲得の遅れ，反復的・常同的な身体の動き，こだわりの強さ，感覚異常（過敏と鈍感），不器用さ，筋肉の緊張の弱さ，視線の合いにくさなど，実にさまざまな側面のあることが指摘されている。もちろん，こうした特徴は自閉症スペクトラム障がいと診断

された全ての子どもに一様に現れるわけではなくて，特定の症状だけが突出する場合もあるし，複数の症状が組み合わされて現れる場合もあり，後者であっても症状どうしの程度の強弱は子どもによってさまざまであることが知られている（Frith, 2003/2009, 2008/2012；村上，2008）。しかし，それでもそれらの特徴が一つの症候群としてまとめられるのは，一見繋がりのない特徴どうしの出現パターンが，ばらばらな行動諸特徴のランダムな組み合わせ以上の確率で現実に存在するからであろう。そうだとすれば，今ここで観察される，こうした異なる諸特徴の背後にある連関を仮説的に想定したり，今は失われてしまったけれども，発生的に見た場合には諸特徴間には必然的な連関がかつては存在したと仮定してみることは，自閉症スペクトラム障がいの理解の前進に大きく寄与できると思われる。

特に，現在の地点からは容易には繋がりの見えない機能間の関係やさまざまな行動特徴間の関係を，発生的視点から読み解こうとすることこそ，ワロン的方法であった。このワロン的方法と同じ視点の必要性について，奇しくも現代の最も著名な認知神経科学者の一人であるラマチャンドラン（Ramachandran, V. S.）が次のように指摘していることを紹介しておこう（Ramachandran, 2011/2013）。

ラマチャンドランは，人類の言語の進化を論じて，現代人の脳における音韻理解や意味理解，統語理解などの言語諸機能のモジュール性は明らかだとしながら，それがどのように成立したかは別の問題であることを強調して次のように言う。

「現代人の脳における機能的自立性やモジュール性の問題を，『一つのモジュールがもう一つのモジュールの土台になったのか，あるいは別のモジュールに進化したのか，それともそれらは，それぞれ別の選択圧に応じてまったく独立して進化したのか』という進化の問題と混同してはならない」（邦訳 p. 269）

彼は，この点を説明する一つの例として，爬虫類の骨伝導による聴覚情報処理から，哺乳類の空気伝導による処理への変化が，爬虫類から哺乳類

への進化の過程で食生活や移動様式の変化に伴って生じた咀嚼器官の変容によって可能となったことを挙げている。哺乳類には，内耳に三つの骨があり，鼓膜から入る音を伝達・増幅する役割を果たしているが，この骨は咀嚼方法の変化に伴って爬虫類の顎骨の後部から進化したことが明らかになっているという。哺乳類において，咀嚼と聴覚という機能的にも構造的にも互いに独立と今は考えられている二つが，進化の過程では一方から他方への分離・変容によって生じたとされているのである。

　この例は系統発生における例であるが，個体発生においても，諸機能，諸能力間の発達的連関には似たようなロジックが存在しながら，未だその繋がりの事実が謎のままとなっている現象は多いのではないだろうか。筆者に思い浮かぶのは，早期から特異な描画能力を発揮した自閉症児の例である。よく知られているナディアという自閉症児の場合には，3〜4歳の時期から驚くほどの写実的な絵を描くことができた（Selfe, 2011）。ところが，言語獲得が始まった8歳ぐらいから，ナディアは描画への関心を失い始め，その描画の技量も大きく後退していくことになる。このように，自閉症児に見られる初期の特異な能力が，言語能力とあたかもトレードオフのような関係で失われる事例は，他でも報告されており，この謎は異なる能力間の隠された発生的関係を探らない限り，解けないであろう（Humphrey, 2002/2004）。発達の謎とは，こうした能力間や機能間の連関の謎である，と言っても言い過ぎではないかもしれない。

　ワロンのわかりにくさは，他の理論家たちと異なり，発達のある時期のある機能の発達を，先行するそれと類似の機能の発達の延長上に考えないという点にある。例えば，表象機能の発達を，情動-姿勢機能の発達と繋げて考えたように，異質な機能間の発生的関係を探ろうとする方法論的態度こそ，ワロン的な態度であった。ワロンの時代には，それは実証性を欠いた一つの視点に過ぎなかったかもしれない。しかし，今，私たちはワロンの時代よりもずっと進んだ科学の時代に生きている。実験的な研究や臨床的な研究の中で，ワロン的視点によって新しい展望が切り開かれること

も夢ではない。

引用文献

Chalmers, A. F.（1982）*What is this thing called science?* Brisbane: University of Queensland Press.（チャルマーズ，A. F.（1985）科学論の転回．（高田紀代志・佐野正 訳）東京：恒星社厚生閣）

Eagleton, T.（1996）*The illusions of postmodernism*. Oxford: Blackwell.（イーグルトン，T.（1998）ポストモダニズムの幻想．（森田典正 訳）東京：大月書店）

Frith, U.（2003）*Autism: Explaining the Enigma. Second edition*. Oxford: Blackwell.（フリス，U.（2009）新訂自閉症の謎を解き明かす．（富田真紀・清水康夫・鈴木玲子 訳）東京：東京書籍）

Frith, U.（2008）*Autism: A very short introduction*. Oxford: Oxford University Press.（フリス，U.（2012）ウタ・フリスの自閉症入門．（神尾陽子 監訳・華園力 訳）東京：中央法規）

藤田和生（編）（2007）感情科学．京都：京都大学出版会．

藤本夕衣（2012）古典を失った大学——近代性の危機と教養の行方．東京：NTT出版．

浜田寿美男（1994）ピアジェとワロン．京都：ミネルヴァ書房

Humphrey, N.（2002）*The mind made flesh: Essays from the frontiers of psychology and evolution*. Oxford: Oxford University Press.（ハンフリー，N.（2004）喪失と獲得——進化心理学から見た心と体．（垂水雄二 訳）東京：紀伊国屋書店）

加藤義信（2004）コミュニケーションとからだ．心理科学研究会（編）心理科学への招待．(pp.93-108）東京：有斐閣．

加藤義信（2011）"有能な乳児"という神話．木下孝司・加用文男・加藤義信（編）子どもの心的世界のゆらぎと発達．(pp.1-33) 京都：ミネルヴァ書房．

川田学（2007）発達理論を問い続ける——その新しい役割に関する予備の考察として．心理科学，**27**(2)，15-25．

Lyotard, J.-F.（1979）*La condition postmoderne*. Paris: Les éditions de Minuit.（レオタール，J.-F.（1986）ポスト・モダンの条件．（小林康夫訳）東京：水声社）

牧康夫（1982）人間探求の心理学．京都：アカデミア出版会．

村上靖彦（2008）自閉症の現象学．東京：勁草書房．

Ramachandran, V. S.（2011）*The tell-tale brain: A neuroscientist's quest for what makes us human*. New York: Brockman Inc.（ラマチャンドラン，V. S.（2013）脳のなかの天使．（山下篤子 訳）東京：角川書店）

Selfe, L.（2011）*Nadia revisited: A longitudinal study of an autistic savant*. New York: Psychology Press.

佐々木正人（1990）概観．日本児童研究所（編）児童心理学の進歩．**29**，1-23. 東京：金子書房．

Trevarthen, C.（1993）An appreciation of the interpersonal psychology of Henri Wallon. *Enfance*, **47**(1/1993), 43-46.

Wallon, H.（1938）Les début de la sociabilité. Rapport affectifs: les émotions. *La vie mentale. VIII de L'encyclopédie française.* In É. Jalley（Éd.）（1982）*Wallon: La vie mentale.*（pp.201-223）Paris: Édition sociale.（ワロン，H.（1983）情意的関係 - 情動について．浜田寿美男（訳編）ワロン／身体・自我・社会．（pp.149-182）京都：ミネルヴァ書房）

Wallon, H.（1941）*L'évolution psychologique de l'enfant*. Paris: Armand Colin.（ワロン，H.（1982）子どもの精神的発達．（竹内良知 訳）東京：人文書院）

Zazzo, R.（1975）*Psychologie et Marxisme: La vie et l'oeuvre d'Henri Wallon*. Paris: Éditions Denoël/Gonthier.（ザゾ，R.（1978）心理学とマルクス主義──アンリ・ワロンの生涯と業績（波多野完治・真田孝昭 訳）東京：大月書店）

コラム2　制度形成史的観点から見たフランス心理学 (2)：第二次大戦後

　コラム1で述べた戦前のフランスの心理学をめぐる状況は，第二次大戦後，大きく変わることになる。1947年5月，ギョーム（Guillaume, P.）やピエロンの努力によって，ついにパリ大学に心理学士（licence de psychologie）の学位が創設された。同時に，この学位の下には四つの単位取得免状（certificat）が作られた。一般心理学（psychologie générale），児童心理学および教育学（psychologie de l'enfant et pédagogie），社会生活の心理学（psychologie de la vie sociale），心理生理学（psychophysiologie）の四つである。この四つを取得した学生に心理学専攻の文学士の称号（le grade de licencié ès lettres, mention psychologie）が与えられることになる。新たに作られたこの「学士」は明らかに国家資格であるが，初めはパリ大学にしかその授与権は認められなかった。しかし，それは他の大学においてこの学位を出すに足る専門の教員が不足していたためであって，これがパリ大学の独占的学位であったわけではない。

　固有の学位の創設は，独自科学としての心理学の地位向上の反映でもあると同時に，心理学への社会的期待の増大とそれに伴う新しい職種の誕生，大学・研究所内での心理学者のための新たなポストの創出に繋がっていく。前者の代表的な例が教育現場への学校心理士の配置である。戦後いち早くこの職務の必要性を説いたのが，ワロンであることはよく知られている（Gratiot-Alphandéry, 1976/1983）。彼がランジュヴァン＝ワロン教育改革計画の中にこの職務を位置づけたことによって，1946年に初めてパリに学校心理士の制度が生まれ，1948年以降，次第にフランス全土に普及していった

(Mialaret, 1979)。

　同じ頃1947年には，フランス国立科学研究センター（CNRS）を中心とする研究組織の大幅な見直しも行われた。CNRSは，大戦の始まった時期の1939年10月に，前身となった二つの研究組織の統合から生まれ，以後現在に至るまでフランスの科学研究を支える巨大組織だが，戦後の1945年11月に基礎研究と応用研究の融合を意図した組織改革が行われ，ここでもワロンは重要な役割を果たすことになる。彼は，CNRSの人間科学部門責任者会議の議長（le président du comité directeur des sciences humaines）を引き受け，ピエロンと共に心理学と生理学の結合に努力した。その結果，1947年7月に創設された神経生理学・電気生理学研究センター（Centre d'étude de physiologie nerveuse et d'électrophysiologie）をはじめ，心理学，神経生理学関係の研究組織が整備されることになる。ワロンが主宰していた児童心理生物学研究室も，戦前は小学校の一角やパリ郊外の自治体（Boulogne-Billancourt）の市庁舎内の部屋を借りて細々と運営されていた時期を経て，1939年10月には労働研究・職業指導研究所（L'Institut d'étude du travail et d'orientation professionnelle）内の一研究部門として位置づけられた後，戦後はCNRSから派遣されるスタッフも含めて研究員数も増え，名実ともに子どもの心理学研究の中心的役割を果たすようになっていく（Wallon, 1953/1983）。

　心理学をめぐるこのような制度変革に加えて，第二次大戦後は，それ以前にはほとんど紹介されることのなかった外国の心理学研究書がいっせいに翻訳されるようになったことも，フランスの心理学研究の新しい高揚に繋がったと思われる。ニコラの著書（Nicolas, 2002）にある，1947年から1972年までの間に国際科学文献叢書（心理学編）としてフランス大学出版

局（P.U.F.）より出版された本の一覧を見ても，大戦直後にはロールシャッハ（Rorschach, H.），ゲゼル（Gesell, A.），シェルドン（Sheldon, W. H.），パブロフ（Pavlov, I. P.）などの本がつぎつぎに訳されていることがわかる。

戦後のこうした心理学の学問としての制度化の急激な展開を背景として，若い学生たちの目に心理学は戦前とは比べるべくもない新しい魅力的な専攻対象として映ったことであろう。一方で，戦前から戦後にかけて，高等教育の規模拡大が進み，戦前の1931年に15,007人に過ぎなかったバカロレア（大学入学資格試験）合格者は，戦後の1951年には33,542人へと倍増した（Ministère de l'Éducation nationale de la Jeunesse et des Sports, 1988）。その結果，新しい学生層が，社会的にも注目を浴びるようになった新しい学問＝心理学に殺到することになったとしても不思議ではない。

第6章で取り上げるように，1950年代初頭，リリアン・ルルサをはじめ，若いユダヤ系の女性研究者たちがワロンのもとに集まった。戦前には，妻のジェルメーヌを除いては，特定のテーマで他の研究者と共同で仕事を行うことのなかったワロンが，戦後，その晩年に若い研究者との共著論文を多数世に出すことになった時代的背景としては，上記のような事情が大きく寄与していたものと思われる。

戦後の高等教育の規模拡大は，女性の高等教育への道の拡張でもあった。このような条件があったからこそ，彼女たちは研究の世界のとば口に辿り着くことができた。しかし，だからといって，伝統的なフランスの知識階級の再生産システムが一挙に変わったわけではない。ユダヤ系の女性研究者たちが，フランスのアカデミズムの中に一定の地歩を得ようとすれば，旧来の哲学や他の人文学でなく，新しい学問である心理学に希望を託すしかなかった，という面もあったのかもしれない。ワロンの側にも，フランス社会の周縁的

存在であった人たちにこそ，新しい学問の未来を託そうとする思いがあったと推測するのは，考えすぎであろうか。

引用文献

Gratiot-Alphandéry, H.（1976）Introduction. *Lecture d'Henri Wallon*.（pp.7-39）. Paris: Éditions Sociales.（グラチオ＝アルファンデリ，H.（1983）序文．（波多野完治 監訳）ワロン選集・上．（pp.9-52）東京：大月書店）

Mialaret, G.（1979）*Vocabulaire de l'éducation*. Paris: P.U.F.

Ministère de l'Éducation nationale de la Jeunesse et des Sports（1988）*Repères et références statistiques: sur les enseignements et la formation*. Vanves: DEP.

Nicolas, S.（2002）*Histoire de la psychologie française*. Paris: In Presse édition.

Wallon, H.（1953）Le laboratoire de psychobiologie de l'enfant. BINOP, no. special, 101-103. In Gratiot-Alfandéry, H.（Éd.）, *Lecture d'Henri Wallon*.（pp.335-338）. Paris: Éditions Sociales.（ワロン，H.（1983）児童精神生物学実験室（波多野完治 監訳）ワロン選集・下．（pp.227-231）東京：大月書店）

第 3 章

アンリ・ワロンの発達論はなぜ難解か？

　「まえがき」にも記したように，アンリ・ワロンの発達論は第二次大戦後の早い時期から日本に紹介されていたにもかかわらず，同時代人であるピアジェやヴィゴツキーの理論ほどには，具体的なリサーチ・ワークや教育実践と結びついて影響力を広げるということはなかった。その理由の一端は，第 2 章でアメリカと日本の戦後のピアジェとワロンの受容状況を比較する中で，少し触れた。そこで，本章ではもう一歩踏み込み，ワロン理解が困難であった理由を，特に我が国の状況に即してさらに掘り下げてみたい。また，その困難を克服する方途を探ってみたい。

　具体的には，最初に日本におけるワロン受容にとって何が障害となっていたかについて考え，次にワロンの発達論そのものに内在するわかりにくさの理由を問い，最後にその理由の一つである彼の方法的態度がいかなるものであったかを，初期の小論文を貫くロジックを通して明らかにしてみたい。

1. 日本におけるワロン受容——その不十分さの理由

　教育学の世界はまだしも，日本の心理学の世界では，ワロンが十分な注目を得てきたとは言いがたい。心理学系の学会でワロンについて語られるシンポジウムが組まれたことは稀であるし，[1]ワロンの発達論に依拠して

---
[1]　1994 年には発達心理学会で「発達研究とワロン」と題するラウンド・テーブルがもたれた。また，1998 年には同じく発達心理学会のヴィゴツキー・シンポジウム 4「発達概念の射程を問う」において，筆者がワロンの発達論について報告した。それからしばらく年数をおいて，2012 年からは，間宮正幸氏（北海道大学）と亀谷和史氏（日本福祉大学）

行ったと公言する実証的研究もほとんどない。もちろん，ワロンに個人的な関心を持ち続けた心理学者は少なからず存在したし，今も存在するだろう。しかし，その理論を共通のリサーチ・パラダイムとする心理学者の研究グループが存在したことは，残念ながらこれまで一度もなかった。これには，いくつかの理由が考えられる。

(1) 理論と政治的立場

　まず，その第一としては，第2章でも挙げたように，ワロンの政治的立場への偏見があると思われる。ワロンは第二次大戦中，ドイツ占領下のパリにあってレジスタンスに参加し，フランス共産党に入党した。戦後も1962年に亡くなるまで確信的マルキストであり続けた。こうした彼の政治的立場は，一方で同じような政治的立場に立つ人たちの関心を引き寄せる磁力になると同時に，他方で彼の学問的言説への偏見と警戒を生む原因ともなった。戦後日本の心理学界では，自然科学をモデルとする実験心理学的研究パラダイムが主流となり，「価値中立」を標榜し実証主義的方法の洗練を第一とする傾向が近年まで支配的であったから，そのような研究者メンタリティを有する人々の目には，ワロンは科学者であるよりも臨床家，実践家と映ったのは当然であった。ワロンに関心を持った一部の人々の場合も逆に，レジスタンスの闘士であり，戦後フランス教育改革（ランジュヴァン＝ワロン計画）の旗手という神話的ワロン像に縛られ，彼の理論や思想について多くを語るよりはその社会的活動への広がりに目を奪われる傾向があった。いずれの場合も，ワロンの思想の深みに切り込み，そのエッセンスを捉えようとするには，不幸な色眼鏡がかかりすぎていたと言わざるをえない。

　しかし，政治的立場への偏見（あるいは無条件の信奉）が主なる障害で

と筆者の三人による教育心理学会での自主シンポジウムが継続して行われている。過去20年余り，発達心理学，教育心理学の学会関係での関連シンポジウムは，筆者の知る限り，これだけである。

あったのなら，ワロンへの正当な評価は，もっと早くから始まったはずである。ちょうど「ヴィゴツキー・ルネサンス」のうねりがソビエト連邦の崩壊によって英語圏で一挙に高まったのと同じように，マルキスト・ワロンへの色眼鏡も1990年代には急速に色あせてよいはずであった。しかし，ヴィゴツキーについて起こったことは，ワロンについては未だ起こっていない。なぜであろうか。第二の理由はこの違いに関係する。

(2) 理論とその実証

心理学が狭い意味での実証主義にとらわれている限り，何らかの既存の実証研究のパラダイムにのらない発達理論は，心理学的な発達理論として認知されにくいという事情がある。ピアジェが英語圏の心理学に受容され，そして，ヴィゴツキーの理論が現代の発達心理学内部でもてはやされているのに，ワロンの場合そうならないのは，おそらくこのことと大いに関連している。

筆者はかつてワロンの理論とピアジェの理論の性質を比較するため，およそ学派を形成するような大理論には通常どのような要件が備わっているべきか，を考えてみたことがある（加藤，1996）。それは次の四つであった。

a．理論の「堅固な核」となる基本前提とそれを支える概念群
b．「核」の「防御帯」としての仮説群とその概念群
c．仮説検証の固有な領域（中心的に扱われる現象，テーマ）
d．主に利用される独自な方法（視点と技法の両方を含む）

「堅固な核」と「防御帯」という語は科学史家ラカトシュ（Lakatos, I.）の説（Lakatos, 1978/1986; Chalmers, 1982/1985）から借りている。前者は，研究プログラムを進めるにあたって反証したり修正したりすることのできない基本仮定を指し，後者はこの「堅固な核」を反証から守るために設定される補助仮説や初期条件のことを意味する。ラカトシュによると，個々の科学的な研究プログラムの進展と競い合いは，もっぱら「防御帯」

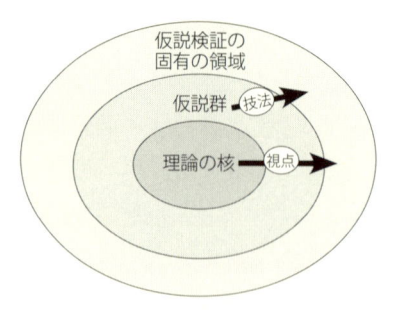

図3-1 科学理論に備わるべき要件のモデル

およびその外での事実の発見や補助仮説の修正，精密化をめぐって行われることになる。

　今，ピアジェ理論について見れば，「堅固な核」とは同化，調節，均衡化などの基本概念群であり，「防御帯」とは段階論，可逆性，相補性などの各種の操作，さらにはデカラージュなどの特定の現象を説明するための概念群であろう。また，「防御帯」に位置づく仮説が検証される固有の領域として，ピアジェの場合には，対象の永続性，保存などの具体的な現象領域が存在していた。さらに，その現象領域で駆使される方法としては，臨床的質問法（méthode d'interrogation clinique）という固有の方法があった（Legendre-Bergeron, 1980）。

　ピアジェと対比したとき，ワロンの理論の場合はこうした整理の枠組みになかなか収まりにくい。確かに，トーヌスや姿勢機能（fonction posturale）あるいは自己塑型的機能（fonction proprioplastique）などの「堅固な核」となる概念群はある。ワロンの発達論のユニークな輪郭は，こうした概念群によって形作られていることは間違いない。しかし，「防御帯」を構成する仮説的概念群は段階論を除いては必ずしも明確でないのではなかろうか。おそらく，「堅固な核」の外にあるワロン的概念は，ピアジェの用いる操作などの仮説的な説明概念群と比べて，記述概念が多いためであるかもしれない。また，理論の舞台となる現象領域も，人間発達への全体論的なアプローチをとるゆえに，限定して切り出すことがむずかしいという事情がある。情動・感情の問題を後の人格の発達全体の原点におくという点でワロンの理論は他に類を見ないが，情動・感情の発達自体が心理学では伝統的に最も実証研究の困難な現象領域だったということもあって，この領域自体がこれまでは注目されにくかった。

このように比較してくると，理論が集団的に取り組まれる研究プログラムとして発展するのに必要な四つの要件のうち，ワロンの場合はピアジェほどには上記整理のbとcが明確でなかったと言うことができる。ワロンの理論が心理学界内部で影響力を持ちにくい第二の理由は，おそらくここにあった。

(3) 理論の難解さ

　第三の理由としては，ワロンの著作の難解さが挙げられる。しかし，著作が難解であるとはどういうことなのだろうか。それは言語表現の難解さであるのか，それとも理論自体の難解さなのであろうか。

　日本では，これだけワロンの主要著作が翻訳されていて，それらの本を手に取った人は多いはずなのに，ワロニアンが育たなかったのは，翻訳の質に問題があった，とする説が一部には流布している。確かに，初期のワロン翻訳の多くは，訳文を読んでも一行一行を日本語として理解するのに多大の努力が必要だった。残念ながら誤訳も多かった。ワロンが難解であるという印象は，確かに日本の場合，その翻訳に責任の一端があったことは否定できない。しかし，ワロンにいくらかなりとも原文で接したことのある者なら誰でもわかることだが，もともとワロンのフランス語の文章は，驚くほど晦渋(かいじゅう)なのであり，一筋縄では日本語に訳せないということも事実なのである。芳しくない翻訳はその困難の反映でもあった。

　では，なぜワロンの文章は晦渋であるのか。彼は悪文家だったのだろうか。筆者は，何人かのフランス人研究者からそのような評価を聞いたことがある。しかし，仮にワロンが悪文家であったとしても，問題はその「悪文」が彼の思想と切り離しがたいものであったかどうかであろう。

　ワロンの後継者ザゾは，この点で明瞭な答えを私たちに与えてくれている（Zazzo, 1975/1978）。

　「ワロンを読むことのむずかしさの原因は彼の文体にある，としばしば言われてきました。つまりは，とりわけ外国語への翻訳者がぶつかるむず

かしさということです。実際には形式的な種類のむずかしさは問題ではありません。……むずかしさは，ワロンの場合には文体が思想そのものの紆余曲折（méandre）と結びついているし，その思想が現実的なもの，その現実的なものの両義性，その両面価値性，その矛盾に密着している，という事実からきているのです」（邦訳 p.159）

　ザゾはここで，ワロンの文体は子どもの発達的事実と向き合うときの彼の方法論的態度の反映であることを指摘しているのである。現実は混沌としたものであり，科学とはその混沌の中に秩序を発見・構築する営みであるとすれば，研究者はともすると美しい秩序をそこに見ようとしてしまうだろう。心理学の中にも，心理的現実を少数の説明原理に還元して理解しようとする誘惑は根強くあり，ワロンはこうした誘惑への警鐘を絶えず鳴らし続けた。デュマの生理還元論やデュルケム（Durkheim, É.）の社会還元論への批判，思考活動を形式的操作へと還元するピアジェ理論への批判は，ワロンのこうした方法論的態度によってなされたと言える（Wallon, 1947/1996）。しかし，だからといって，ワロンは現象論者だったわけではない。発達現象の記述にもっぱら軸足をおいて，説明を排除したわけではない。現象の多様性を切り捨てる「説明」を拒んだだけである。現実の混沌としてダイナミックな過程に密着しながら，それを概念化しようとする努力，これこそワロンの方法論的態度であった。この態度は，分類を基本的方法とする百科全書的なフランス的明晰さとは異なっているように，筆者には思われる。そのフランス的明晰さの具現化であるフランス語の明晰な文体から，ワロンの文体が大きくかけ離れていたのはそのためであった。

　では，ワロンの方法論的態度とはより具体的にどのようなものだったのだろうか。後の節で，彼の初期の小論文を通してこれを見てみることにするが，その前に，私たちがワロンを難解に感じる別の理由を考えてみよう。

2. ワロンはなぜ私たち日本人にわかりにくいか？

(1) ピアジェは理解容易か？

　前節で，ワロンの難解さは彼の独特の思考方法と結びついていることを指摘したが，一般に，ある思想や理論を難解と感じるか否かは，その思想や理論の側の性質に依存すると同時に，それを理解しようとする側の条件にも当然依存する。つまり，私たちにとってのワロンの難解さは，私たちの側の主体的条件の問題を抜きには語れない。このことをあえてピアジェ的な用語で表現すれば，対象を同化しようとする主体のシェマ（枠組み）が当該の対象の性質からは大きく隔たっていると，すぐにはうまく同化できず，主体の側の調節が必要になるということである。したがって，対象理解の第一歩は，主体の枠組みの何を調節すべきかを意識化することだということになる。

　日本文化の中で育った私たちがワロンと向き合うとき，その背景にあってフランス語圏の学問的伝統の中で暗黙のうちに共有されている問題意識や，フランス的思考の何たるかが，なかなか見えてこないということがある。さらに事柄を複雑にしているのは，ワロン自身は自らの文化的伝統を踏まえつつそれと闘い，それを越えていこうとしたことだろう。フランス的発想に根を下ろしながら，従来のフランス的発想にはなかった要素を導入しようとしたことだろう。およそ創造的な仕事には必ずそういう側面があり，一言語圏の学問的伝統が豊かになっていくとは，そういう試みに果敢に挑戦した研究者がどれだけ輩出したかによると言える。

　同じようなことは，ピアジェについても当てはまる。ただ，ピアジェはスイスのフランス語圏で仕事をした学者であり，ドイツ語圏の文化とも接触があり，スイスが国是とする永世中立によってフランス本国を含むヨーロッパ社会の激動から距離をおくことができたという社会・文化的条件を無視できない（コラム3を参照）。ピアジェ理論の内容（とりわけ子ども

の社会性についての位置づけ）がこうした社会・文化的条件によって影響を受けたという指摘もあるが（Birns & Voyat, 1979/1981），ともかく，フランス語圏の辺境に位置したピアジェと，その中心パリで生涯研究活動に従事したワロンでは，「フランス的なるもの」の重さは自ずから違うと言ってよいであろう。

　ただ，誤解してはいけないのは，こうした条件の違いから，ピアジェはわかりやすくワロンは難解ということにはならないということだ。確かに，日本の心理学の世界では，ピアジェの理論は1970年代から80年代にかけて非常に広い影響力を持った。つまり，多くの人々に理解された。しかし，そこでのピアジェ理解とは，一部の人々を除いては，英語圏の研究を介しての理解であったことを忘れるわけにはいかない。

　第2章で既に論じたように，アメリカでのピアジェ理論の導入は，1957年のスプートニク・ショックを契機に始まり，約20年間にわたって，隆盛をきわめた。しかし，もともと経験論的な思考方法が根強く，発達的変化の連続性の強調や要素論的発想へと向かう根深い傾向性のあるアメリカでは，ピアジェ理解も，本来その理論の中に含まれている合理論的前提や，広がりのある認識論的射程への理解を欠落させた，底の浅いものであったと言わざるをえない。やがて再び1980年代以降は，アメリカ心理学の本流をなす思考の系譜（領域固有性論や「発達イコール学習」論など）によって批判的に"乗り越えられていく"ことになる。この思考の系譜自体は，もともと第2章で取り上げたポストモダン論とは異質な英語圏の伝統なのだが，両者の親和性がピアジェ理論の退場にいっそう拍車をかけたことは，既に見た通りである。

　再び日本のピアジェ理解に戻れば，その多くはアメリカ心理学のピアジェ理解の限界を踏襲するものであったと指摘できる。つまり，私たち日本の心理学者が，ピアジェは曲がりなりにも理解可能であり，ワロンはそうでない，という印象を持つとすれば，それはピアジェが既に歪められたピアジェとして理解されたからだとも言えるのである。

(2)「フランス的なもの」とは何か？——フランス語圏発達心理学の暗黙の前提

　ピアジェの理論も，実はワロンの理論と同様，日本文化の中で育ち英語圏の心理学的なものの考え方でトレーニングを受けた日本の研究者には，そのエッセンスはたいへんわかりがたいのではないかと筆者は考えている。英語圏の心理学の背景には，イギリス経験論以来の文化的バイアスを伴う発想が脈々として存在しており，それは私たち日本人の思考様式と比較的親和性が高いのに対し，フランス語圏の心理学の背景にある合理論的伝統に基づく思考様式は，容易には私たち日本人に感覚的に捉えがたいところがあると思うからである。既に述べたように，その程度に違いはあっても，ピアジェの理論もワロンの思想も間違いなく「フランス的なもの」の刻印を帯びている。そして，その刻印部分は私たちには本当のところはわかりがたいのである。

　筆者はこうした問題について，既に別のところで論じたことがある（加藤，2000）。ここでは，英語圏とフランス語圏の心理学の基本発想について筆者がまとめた対比を示し（表3-1），以下，ワロン理解との関連でのみ「フランス的なもの」とは何かについて，論じていくことにしたい。

　一つの文化の思想的伝統の中にはさまざまな流れがあり，その深部に「執拗な持続低音としてひびきつづけて来た思惟様式」（丸山，1992）を実体的に想定する考え方には異論もある（桜井，1988）。確かに，一文化の中に見られる思考の多様性を極端に単純化し，一つの持続する傾向をそこに読みとろうとするのは，文化そのものを動態として見ない非歴史的態

表3-1　英語圏とフランス語圏の発達理論の基本発想の違い

英語圏	フランス語圏
経験や感覚の重視	観念の重視
「連続性」の重視	「対立」の重視
「機能」重視	「構造」重視
要素論的傾向	全体論的傾向

度である，とする批判には一定の根拠があろう。しかし，人間の思考は何の枠組みもなしには不可能であり，そうした枠組みは間違いなくそれぞれの文化の中で彫琢されることも事実である以上，それがどこまで歴史的に遡れるかは別として，「フランス的なもの」や「日本的なもの」が何かを語ることは許されると筆者は考える。そのような立場に立って，少なくとも17世紀以降の「フランス的な思考とは何か」という問いに，たぶんに直観的であることを承知の上で筆者が答えるとすれば，それは感覚に対する観念の優位，理性への信頼，二項対立を軸とする思考の展開であると思う。

　デカルト（Descartes, R.）的懐疑が「我々の感覚が我々をときには欺く」（Descartes, 1637/1967）という不信から出発したことはよく知られている。感覚への不信の表明は，直接経験から得られる認識への不信の表明であり，確実な知識や真理の獲得はもっぱらそれとは次元を異にする観念の明証性の世界に求められることになる。ここでは，イギリス経験論とは異なって，観念の世界，理性の世界が感覚の世界，現象の世界とは非連続で，一段優位にあるものとして措定されている。

　しかし，こうした二元論的対比の中での観念の重視は，現象の世界（＝混沌の世界）に真理の世界（＝秩序の世界）を対置し，後者にリアリティを付与しようとするプラトン的思考に起源を有するのであるから，それ自体は西欧世界全体の伝統というべきで，何も，ことさら「フランス的」と言う必要はない，との反論もあるかもしれない。確かに，世界史の中で西欧のみが近代科学を生み出し得たのは，現象を越えたところにある世界の秩序へのこうした信念がフランスのみならず西欧地域全体で共有されていたからであり，イギリスもその例外ではない。しかし，中世のある時期まではイギリスはヨーロッパの辺境であり，それに対しフランスは，8世紀のシャルルマーニュの時代以来，ギリシャ，ローマ文化の正統の後継者という自負をもって文化を作り上げてきた地であることを忘れてはならないだろう。プラトニズム的世界観が根強く思考の枠組みとなっている度合い

は，ゲルマン系やアングロ・サクソンの国々に比べてフランスのほうがはるかに大きいのである。

　実のところ，こうした議論の詳細な展開は筆者の力量をはるかに越えるので，話を発達論（あるいは発達心理学）の領域に以下，限定しよう。かつてザゾ（Zazzo, 1974/1977）は，フランス語圏発達心理学の特徴をアングロサクソンの心理学のそれと比較し，前者は「哲学につちかわれた長い伝統によって，児童について新しい概念体系をつくることにたずさわって」いるのに対し，後者は「事実を集め，……くわしい目録を年齢ごとにつくる」ことに精を出していると指摘した。この指摘に見られるように，そもそもフランスの心理学は，その研究スタイル自体が詳細な事実の確定よりも概念や理論の精緻な構築に向かう傾向が強く，そのことが私たち日本人には取っ付きにくい一つの原因となっている。しかし，それ以上に，私たちにとって理解困難なのは，発達論の根底にあるその問題設定のあり方であろう。つまり，フランス語圏の心理学者は，デカルト以来の「物質と精神」がそれぞれ別の実体であるとする二元論をどう越えるかという課題を共有するところから出発し，その「心の中」と「心の外」との関係の問題をさまざまな二項対立的な関係の問題として立てて，それにどう橋渡しするかに苦渋する。具体的には，身体と意識，行為と表象，運動と思考，実用的知能（場面の知能）と理性的知能（推論的知能），等々の関係の問題をどう理論化するかが，彼らの課題であった。一方，英語圏では，こうした問題設定は鮮明には行われない。というのも，もともとロック（Locke, J.）以来，英語圏には「心の外」と「心の中」との関係を切断や対立よりも連続として捉える習慣があり，感覚への懐疑は必要とされないからである。「『心の外』から『心の中』への因果論的関係があるから，『心の中』が『心の外』を表現する関係が成り立ち」（田村，1999），さらに「心の中」に表現された「心の外」は高次の観念へと移行していく，と当然のごとく考えるのがイギリス流であった。基本的には，今日の英語圏の心理学理論の多くは，この思考習慣の延長上に立てられていると言って

も過言ではない。

　どちらが私たちにわかりやすいだろうか。明らかにイギリス流の思考習慣のほうが私たちには自然であり，フランス的な問題設定のほうが違和感が大きいのではないだろうか。加藤周一（1984）は，日本文化の特徴は，超越的な世界や理念的な世界への志向性が薄く，「いま」「ここ」の目の前に展開する現象にこだわって生きる（＝感覚的経験の重視）態度にあると指摘したが，そうした態度との親和性が高いのは明らかにイギリス経験論的思考法であって，フランス的思考法ではない。

　ピアジェやワロンが私たちにわかりがたい理由の第一は，おそらくここにある。日本では（また英語圏でも），ピアジェの理論は，もっぱら発達段階論に注目が集まったが，その根拠となっている認識の構造的非連続という仮定や，主体の構成的働きの重視や，群性体といった抽象度の高い論理構造を実体視する傾向を，深い納得と共に私たちが共有することは，本当はむずかしい。実は，こうした諸点こそが「フランス的な」刻印を帯びた部分であり，私たち日本人の思考法とは異質であって容易には同化しがたいからこそ，逆に学ぶべき点も多かったはずなのである。

　ワロンにも基本的には同じことが言えるが，既に本節の冒頭で指摘したように，彼の場合のほうがフランス文化の中心に位置していただけに，いっそう「フランス的なるもの」の刻印は深い。そこに見出されるのは，ピアジェよりももっと鋭い「差異と対立の思考」である。ワロンには，ピアジェのような「機能的連続」といった，質的に異なるものの間を仮定的な共通項で繋げてしまう概念装置すらない。表象の発生問題を論じた際にそれが典型的に表れているように，ワロンは現象間の差異や対立や矛盾の局面に徹底的にこだわる（加藤・日下・足立・亀谷，1996）。そのこだわりは限度を超えて，「フランス的な」思考が可能とする分類的秩序をも突き破ってしまい，その結果，まったく新しい，ダイナミックに人間の発達を見る視点が開けてくる。これこそがワロンであるように思われる。私たち日本人にはなじみがたい「フランス的な」思考様式の深い刻印を帯びつ

つ，それを超えていこうとする思想的営みであるからこそ，ワロンは二重の意味で私たちから遠いように感じられるのであろう。しかし，この二重性の故に，ワロンはピアジェよりも私たちの身近に発見される可能性を孕んでいると，筆者は考える。基本的にワロンの思想がフランス的思考の，ひいては西欧的思考の内在批判としての側面を持っている限り，私たちがあまり自覚的でなく自らの内に抱え込んでいる「東洋的なもの」と，彼の思想はどこかで響き合う内容を持っているのではないだろうか。そのヒントは，ザゾ（Zazzo, 1975/1978）が，「（ワロンこそ）おそらくフランスでは精神現象を，関係のなかで，関係によって，定義することに一番はっきりと貢献した著者」と述べた点にあるように思われる。種としての共同の遺産である姿勢や情動に支えられて成り立つ他者との関係性こそが，個の意識の発生と展開を解明していく鍵であるとしたワロンの思想は，他者との関係の中での心のふるえやおののきに自己の根拠を求めてしまう「東洋的な」私たちの存在の根源に触れる問題を提起してくれるかもしれない。あるいは，西欧的な個の意識をくぐってそこへ到達したワロンの思想は，西欧近代が到達した理性の理念を保持しつつ個の新しいあり方を考えるヒントを提示してくれる可能性も孕んでいる。

いささか，まなざしを遠くに置きすぎたきらいがある。そこで次に，もう少し具体的に，私たちがワロンから学びうる方法的態度とは何かを見てみることにしよう。

3．アンリ・ワロンの方法的態度

(1)「緊張の人」ワロン

ワロンが身体的なものと心理的なもののデカルト的二元論を，姿勢 - 緊張性の活動に注目することによって越えようとしたことはよく知られている。この点こそ，それまでのフランス思想の伝統的文脈を越える彼のオリジナリティの中核であった。人間の発達のメイン・ストリームの中に情動

や緊張性を位置づけることがどれだけ画期的であったかは，それまでの心理学や哲学が情動にどのような地位を与えていたかを考えれば理解できる。西欧近代の人間観に照らせば，情動や感情は理性を曇らせる否定的な精神の機能であり，理性的人間としての発達は，情動や感情からいかに解放されるかにかかっていると考えられていた。ワロンはその関係を単純にひっくりかえして，理性より情動や感情が重要だと言ったのではない。理性へと繋がる表象機能の発生（第5章参照）や自我の成立自体が，姿勢 - 緊張性の機能と情動にその根を持つという画期的なアイデアを提出したのである。

では，なぜワロンはこうしたアイデアに到達したのか。この問い自体，ワロン研究の中心的なテーマとなるべき問いであり，答えを得るためにはワロンの全著作を対象とした膨大な研究が必要であろう。ここでは，そこに踏み込まず，ワロンという人自身が，大戦中は対独レジスタンスの闘士であり，戦後は社会的活動にめざましい活躍をした人であったという事実からは意外なことに，「緊張の人」であったということだけを指摘しておこう。ザゾ（Zazzo, 1993）は，ワロンの人柄について次のような証言を残している。

「ワロンの車の運転の仕方は，のろのろと不器用なものだった。よく同じ道路を走っている他の車の運転手たちにひやかしの声をかけられた。その度にワロンは赤面した。情動（émotion）の理論家は，とても感じやすい人（émotif）でもあった」（p.7）

第1章でも触れたように，身近に接した人々の証言によると，ワロンは驚くほどシャイで控えめであり，慎重で愚鈍なほどゆっくりと進む人であったという。同時に，どんな人間をも対等に扱う徹底した民主主義者であったという。二つの事柄は，おそらくは別々のことではないと筆者は考えるが，ここで重要なのは，人間どうしの関係性は行為を媒介として始まるのではなく，まず身体と身体の向き合いとして，それも姿勢－緊張系と情動系がかかわる張りつめた関係として現れることをワロンは身をもって

知っていたということであろう。行為は部分的、道具的でありうるが、姿勢 - 緊張性の活動は全身的である。その全身性、全体性という視点は、機能分化と分化した機能の高次化がすすんでいく後の発達の姿を見るさいにも、ワロンが見失うことのない視点であった。

緊張性の機能への注目が、ワロン自身の人格の反映でもあるとして、では、その着眼を彼はどのような方法的態度によって、独自の発達論に練り上げていったのだろうか。

ワロンの思考方法の骨格を、難解な著書群から抜きだそうと務めても、それは容易な作業ではない。そこで、筆者は、一つの便宜的なやり方として、ワロンが深い関心を寄せて観察した現象についての、比較的短い初期の論文を取り上げ、その中で彼がどのような思考の展開によってこの現象の理解に迫っているかを検討してみることにしたい。

(2) 初期論文「不器用 (La maladresse)」に見るワロンの方法的態度

ワロンの方法的態度を知る上で、筆者が取り上げようとするのは、1928年に書かれた「不器用」という論文である (Wallon, 1928)。この論文は、ワロンが初めて子どもの精神運動発達過程の全体像を描いてみせた著書『騒がしい子ども』(Wallon, 1925) の出版から3年後に書かれた。つまり、身体 - 運動 - 姿勢 - 情動の関係に関するワロンのオリジナルな思想がはっきりと形として現れ始めた時期の論文にあたる。また、不器用は姿勢 - 緊張性の機能と深く関わる運動の問題であると同時に、ワロン自身がその資質から多大の関心を抱いた現象であるという理由によっても、この論文はもっとワロン研究者の中で注目されてよい論文であると筆者は考えている。ただし、ここでは不器用に関する現在の研究の到達点からこの論文の意義を論じたり、ワロンの発達思想の形成過程上での意味を問うのではなく、あくまで彼の方法的態度に焦点を当ててみることにする。[2]

---

[2] 不器用な子どもに関する研究の概観については、山口 (1973, 1985)、辻井・宮原 (1999) などによって知りうる。

ではまず，論文「不器用」の内容を以下に簡単に要約して示そう。

不器用とは，ワロンによれば「運動がいつも不完全にしか遂行できないこと（l'imperfection habituelle des mouvements）」を指す。では，この現象はどのような要因によって生ずるのであろうか。ワロンは，まず器官の形成不全や運動の随意性の座である皮質中枢の障がいによって生ずる不器用について検討し，これだけでは，全ての不器用現象を説明できないことに気づく。そこで次に，どのような種類の不器用があるかを詳細に観察し，一見同じように見える不器用現象の中にも実にさまざまなタイプのあることを見出す。そこからさらに，それぞれのタイプの精神運動的な（psycho-moteur）平面での現れ方を病理的なタイプと関連づけたり，神経生理学的な条件と対応づけて理解を進めていく。また，一つの現象の中に含まれる対立する要素に注目し，運動がそうした対立する要素の安定の力学（une dynamique de stabilisation）の上に成り立っていること，不器用とはそうした均衡の喪失ないし，未熟による未達成であることを明らかにしていく。

例えば，幼児の歩行のおぼつかなさは，運動の前提となる全身または身体の一部を静止させておく（s'immobiliser）機能（＝緊張性機能；fonction tonique）が不十分だからであり，それは小脳の成熟がまだ十分に達成されていないことによって説明される。また，新しい運動を獲得するときに見られる不器用さ（例えば，子どもがピアノを習う場合）は，既に存在している運動協応を崩して新しい運動システムを再編する必要があるのに，これがうまくいっていない状態であり，ここでは，古いシステムと新しいシステムの対立，新しいシステムの中での全体的な運動と個々の運動の協調のずれや未分化が問題となる。

このほかにもさまざまな不器用の形態が取り上げられる中で，関与する要因の多様性と，それぞれが異なる機能システムに対応していることが明らかになっていく。なお，最後にワロンは，不器用という現象に注目したのは彼が最初であり，今後，共同でこの問題の解明が進むことを望むと述

べて，論文を締めくくっている。

　以上の筆者の要約だけでは，1928年の論文「不器用」を貫くワロンの思考方法が十分には透けて見えてこないかもしれない。そこで，さらにすすんで，以後のワロンのどの論文，著作にも多かれ少なかれ見られる思考の進め方を，この論文に沿って筆者なりに整理してみることにしよう。それは，以下の5点である。

　1．まず，ワロンの問題への接近の仕方は，具体的な，通常は矛盾を孕んだ現象への注目から始まる。問題となっている論文の場合は「不器用」であり，それが未熟な幼児に見られるだけでなく，ときに大人において見られたり，病理的な状態（例えば，失行症）にまで至るのはどうしてかが問われる。

　2．次に，現象を指す同一の名称の下に，質的に異なるどんな側面が含まれているかを観察・分析する中で，実に多様なそれらの側面が明らかにされていく。その中で次第に「不器用」という現象の全体像が浮かび上がっていく。この論文の場合，ワロンは七つの異なる不器用を区別し，それぞれに詳細な考察を加えている。

　3．続いて，一つひとつの現象的側面については，その中に含まれる対立項をえぐり出す作業が行われる。おそらく，ワロンの文体論を本格的に研究すれば明らかになると思われるが，[3]彼の著作には opposition（対立），conflit（葛藤），antagonism（対抗的関係），antinomie（二律背反），contradiction（矛盾）等の語とそれに類する動詞，副詞表現が多い。こう

3）シモン（Simon, J.）は，ワロンの言説の展開の仕方（méthode du discours）を広い意味での方法の一つと捉えて，この研究の必要性を喚起している（Simon, 1981）。シモン自身が一部示唆しているのは，ワロンの文章には cependant（しかしながら），ce n'est pas（〜ではなく），pourtant（とは言うものの），sinon（でなければ）などの語彙・表現が多いだけでなく，条件法の使用も多いという点である。このことはワロンの否定や対立を軸とする思考や，絶えず別の可能性を提示しつつ事柄の本質へと向かう論の進め方と深く関わっているものと思われる。

した語の使用は「不器用」論文ではまだあまり目立たないが，後になって例えば『行為から思考へ（De l'acte à la pensée）』（Wallon, 1942/1962）では至るところで見られるようになる。このことは，対立項を軸として展開される彼の思考作業の端的な表れとして興味深い。[4]

4. 対立項は，はじめから両者が自明である場合もあれば，当該の現象に関わって焦点化されている項（「不器用」論文の例では，運動）と，その背後にあって通常は「地」となって目立たない項（静止）の関係である場合もある。ワロンはとくに後者のような対立的関係に注目する点で際だっていたと言える。姿勢‐緊張系の機能の重要性の発見は，こうしたワロンの方法的態度なくしては不可能であったと思われる。

5. 心理的平面の現象を，対立項の弁証法的関係として取り上げながら，それを絶えず生理的平面（物質的基盤）の事実と対応づけて理解しようと常に心がける。「精神の発現が生命物質のある種の組織化，特に神経系の組織化に結びついているということは，……避けることのできない確認事実」（Wallon, 1926/1965）であるから，こうした関係を発生的視点から明らかにしていくことはワロンにとって欠かせない課題であった。トラン・トン（Tran Thong, 1984）はこのような方法的態度を発生的神経‐機能間分析（analyse génétique neuro-fonctionnelle）と呼んだが，ワロンが医学を修めてから心理学に接近したこと，後に自覚的に唯物弁証法に接近したことは，このことと大いに関係していると思われる。

「不器用」論文を通して見た以上の特徴は，多かれ少なかれワロンのど

---

[4] ワロンの発達論は，例えば，以下のような対立項を軸に展開されたと言ってもよい。
運動（mouvement）に対する静止（stabilisation），姿勢（posture）
興奮（exitation）　　に対する制止（inhibition）
能動（aspect actif）に対する受動（aspect passif）
行為（acte, action）に対する表象（représentation）
自動作用（automatisme）に対する意識的活動（activité consciente）
現実の空間（espace actuel）に対する心的空間（espace mental）

の著作にも貫いている方法的態度であると言えるだろう。とりわけ，一見類似している，あるいは同一と見なされている現象間の差異にこだわり，その違いを徹底的に分析・考察する中で，人という存在の豊かな全体性を浮かび上がらせようとする彼の方法は，差異によって各項の独立性をはじめから措定する領域固有性論に代表される現代の発達心理学の動向の中では，改めて学ぶに値するのではないだろうか。最後に，ワロンがこの点を端的に表現して語ったことばをシモン（Simon, 1981）より引用して，本章の締めくくりとしたい。

「人間一般だって？ 断じてそんなものはない。……人間が人間であることのまとまり（統一性）の根拠を，種種雑多な内容どうしが隣り合って存在するアプリオリな実体の中に求めても無駄である。さまざまな事象のどのような繋がりを通してこうしたまとまりが実現していくかをこそ探らねばならないのだ」

引用文献

Birns, B. & Voyat, G. (1979) Wallon and Piaget. *Enfance*, **32**(5), 321-333.（バーンズ，B.・ヴォワイヤ，G. (1981) ワロンとピアジェ．（加藤義信 訳）教育，**394**, 30-44）

Chalmers, A. F. (1982) *What is this thing called science?* Brisbane: University of Queensland Press.（チャルマーズ，A. F. (1985) 科学論の展開（高田紀代志・佐野正博 訳）東京：恒星社厚生閣）

Descartes, R. (1637) *Discours de la méthode*.（デカルト，R. (1967) 方法序説．（落合太郎 訳）東京：岩波書店）

加藤周一 (1984) 日本社会・文化の基本的特徴．武田清子（編）日本文化のかくれた形．(pp. 17-46) 東京：岩波書店．

加藤義信 (1996) ザゾと「フランス学派」――発達のパラドックスへの接近．浜田寿美男（編）発達の理論――明日への系譜．別冊「発達」，**20**, (pp. 95-113) 京都：ミネルヴァ書房．

加藤義信・日下正一・足立自朗・亀谷和史 (1996) ピアジェ×ワロン論争．京都：ミネルヴァ書房．

加藤義信（2000）「発達論」の文化依存性——英語圏とフランス語圏の比較を通して．小嶋秀夫・速水敏彦・本城秀次（編）人間発達と心理学．（pp. 74-81）東京：金子書房．

Lakatos, I. (1978) *The methodology of scientific research programmes.* Cambridge: Cambridge University Press. （ラカトシュ，I.（1986）方法の擁護——科学的研究プログラムの方法論．（村上陽一郎・井山弘幸・小林傳司・横山輝雄 訳）東京：新曜社）

Legendre-Bergeron, M.-F. (1980) *Lexique de la psychologie du développement de Jean Piaget.* Chicoutimi, Quévec: Gaëtan Morin.

丸山真男（1992）忠誠と反逆——転形期日本の精神史的位相．東京：筑摩書房．

桜井哲夫（1988）思想としての60年代．東京：講談社．

Simon, J. (1981) Aspects méthodologiques de l'oeuvre d'Henri Wallon. In, *Hommage à Henri Wallon : 2ème édition.* (pp.43-51). Toulouse: Presses universitaires du Mirail (Toulouse).

田村均（1999）哲学者は科学を考えているか？　岡田猛・田村均・戸田山和久・三輪和久（編）科学を考える．（pp. 338-365）京都：北大路書房．

Tran Thong (1984) Préface à L'enfant turbulent. *Wallon, H. L'enfant turbulent. 2ème édition.* Paris: P.U.F.

辻井正次・宮原資英（編）（1999）子どもの不器用さ——その影響と発達的援助．東京：ブレーン出版．

Wallon, H. (1925) *L'enfant turbulent.* Paris: Félix Alcan.

Wallon, H. (1926) *Psychologie pathologique.* Paris: Félix Alcan. （ワロン，H.（1965）精神病理の心理学．（滝沢武久 訳）東京：大月書店）

Wallon, H. (1928) La maladresse. *Journal de Psychologie. XXVe Année, 1928.* In *Enfance, numéro spécial, 1959,* 72-84.

Wallon, H. (1942) *De l'acte à la pensée: Essai de psychologie comparée.* Paris: Flammarion. （ワロン，H.（1962）認識過程の心理学．（滝沢武久 訳）東京：大月書店）

Wallon, H. (1947) L'étude psychologique et sociologique de l'enfant. *Cahiers Internationaux de Sociologie,* **3**, 3-23. （ワロン，H.（1996）子どもの心理学的研究と社会学的研究．（加藤義信・日下正一・足立自朗・亀谷和史 編訳）ピアジェ×ワロン論争．東京：ミネルヴァ書房）

山口俊郎（1973）Clumsy childrenの3症例．児童精神医学とその近接領域，**14**(4),

237-253.

山口俊郎（1985）学習障害，ことに「不器用な子」について――発達の観点から．児童青年精神医学とその近接領域，**26**(4)，251-265.

Zazzo, R.（1974）L'évolution de l'enfant et de l'adolescent. Facteurs et dynamique de l'évolution. In Debesse, M. & Mialaret, G.（Éds.）*Traité des sciences pédagogiques 5: Psychologie pédagogique.*（pp.27-59）Paris: P.U.F.（Zazzo, R.（1977）児童と青年の発達――発達の諸要因と力動過程．ドベス／ミアラレ（編）現代教育科学5：子どもの発達と教育．（波多野完治・手塚武彦・滝沢武久 監訳）東京：白水社）

Zazzo, R.（1975）*Psychologie et Marxisme: La vie et l'oeuvre d'Henri Wallon.* Éditions Denoël/Gonthier.（ザゾ，R.（1978）心理学とマルクス主義――アンリ・ワロンの生涯と業績．（波多野完治・真田孝昭 訳）東京：大月書店）

Zazzo, R.（1993）Henri Wallon: souvenirs. *Enfance,* **47**(1), 3-12.

コラム3　ワロンとピアジェ：異なる理論を生み出した背景の違い

　第二次大戦後から1970年代半ばまで，我が国では，ワロンとピアジェはセットで語られることが多かった。そもそも導入の出発点で，波多野完治や滝沢武久らが，フランス語圏の児童心理学の巨人として二人を並べて紹介したことが大きかったし，実際，1956年から1961年まで彼らが主宰し，その後の1960年代，1970年代に日本の発達研究の中心になる人材を数多く輩出することになる研究会は，「ピアジェとワロンの会」という名称であった。この会は，最盛期に50～60人の学生が参加するほど盛況であったという（加藤，2003）。

　1960年代半ばからは，日本の心理学の世界では，アメリカ経由で改めて移入されたピアジェ理論とそのピアジェ型課題を用いた実験心理学的研究が広まって，ワロンは次第に影が薄くなっていく。ワロンはちょうどその前の1962年に亡くなった。一方，ピアジェはその後も18年間，現役として活躍し続けた。このことも，二人を並べて紹介したり，対比して論じようとするエートスが失われていく一因となったと思われる。

映画学研究所の集まりで同席したワロンとピアジェ（1950年前後と推定）
（Nadel, 2013）

ワロンは1879年生まれ，ピアジェは1896年生まれで，17歳の歳の差がある。しかし，心理学者としていち早く脚光を浴びることになるのはピアジェのほうであった。ピアジェは，数々の逸話に彩られた，早熟の天才である。11歳（1907年）のときアルビノ・スズメの観察記録を生誕地ヌーシャテルの「自然博物館誌」に寄稿し，15歳（1911年）で哲学者ベルグソン（Bergson, H.）の著作に熱中し，22歳（1918年）で哲学小説『探究』を書き，その後，心理学に転じてからは30歳（1926年）までに子どもの思考に関する単著3冊を世に出した（Cohen, 1981）。それに対してワロンは，高校の哲学教師を経て医学を志し，病院勤務を含む長い修業時代と，過酷な兵役生活を経験した後，パリ大学で非常勤講師として児童心理学を講ずるようになったのは，やっと41歳（1920年）になってからであった。奇しくも二人は，心理学者としてはほぼ同時期にスタートラインに立ったと言える。しかし，両者が初めて出会って本格的な論戦を交わした1928年時点では，年長のワロンよりも若いピアジェのほうに，既に名声は傾いていた。
　こうして見ると，ワロンとピアジェは，典型的な晩熟型と早熟型という点で，対照が際立っている。しかし，好対照はこれだけでない。
　まず続いて指摘できるのは，二人を育てた風土の違いである。同じフランス語圏でも，ワロンはその学術文化の中心パリで育ち，パリで活躍し，パリで死んだ。一方，ピアジェは，ドイツ語圏との言語境界線に近いスイスの小都市ヌーシャテルで生まれ育ち，一生その住居をスイスから移すことはなかった。この違いは，中心性と周縁性の対比として論ずることが可能であろう。常識的な見方からすると，人が育つ上で，周縁性は中心性に対して不利な条件となるように見える。しかし，周縁性にも強みがある。周縁性の強みとは，何だろうか。それは，一言語文化圏の中核的価値体系に対して一定の

距離をとり，他の言語文化圏（ピアジェの場合はドイツ語圏）内の"辺境"と接点を持つことによって（ピアジェはチューリッヒでユング（Jung, C. G.）と出会ったこともある），新しい視点を導入したり，新しい要素を取り入れて，前者の中核的価値体系を相対化できる点にある。ピアジェは心理学を志した初期にパリに出て，ビネ（Binet, A.）やシモン（Simon, T.）の知能テスト作成の仕事にも手を貸しているが，当時のパリの哲学的心理学の支配する重苦しい雰囲気や，精神病理学的研究の詳細きわまる蓄積に圧倒されず，まったく新しい視点から（例えば，ビネのテスト結果を「どれだけできたか」でなく「どのようにできなかったか」という視点から）子どもの知性の発達を考える独自の第一歩を踏み出した。そして，スケールの大きい理論体系を志向しながら，実証性や科学性を重視し，子どもの心の働きを垣間みることのできるユニークな課題（対象の永続性課題や保存課題など）を次々に考案した。ピアジェのこうした創造性は，彼がフランス語圏の周縁に位置づく，自由な小国スイスの小都市の生まれであるという事実と，無縁でない。

　それに対し，常にフランス語圏文化の中心であるパリで自らの知的営為を続けたワロンは，否応なくその巨大な文化的蓄積と向かい合わざるをえなかった。デカルト以来の物質の世界と精神の世界を厳しく対立させる二元論的な哲学的思考の伝統や，高等師範学校を筆頭とするパリの知的階層の言語的修

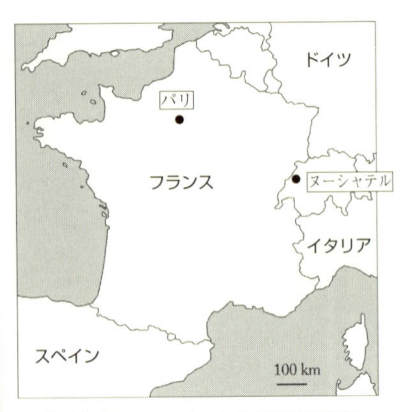

パリとヌーシャテルの地理的関係

辞法やスノビズムから自らを切り離して，新しい心理学や新しい社会への展望を探っていかざるをえなかった．初期のワロンのフランス語はとりわけ恐ろしく晦渋であるが，そこから私たちは，自らを育てた言語文化の中で，自己の思考の表現に苦闘する彼の姿を，垣間みることができるであろう．また，出自の階級に背を向け，晩年になって自覚的に弁証法的唯物論の立場に立つことになるワロンの人生の長い道程自体が，その背負ってきたものの重さと，それと向き合って誠実に生きた悪戦苦闘の記録であるとも言える．ワロンの発達論は，ピアジェと比べて，図式的な整理が困難であり，クリアな要約を拒むところがあるのは，彼が自らを育てた文化の蓄積とその思考法の中に安住せず，そこから一歩出ようとしたからではないか．筆者はそのように想像する．

　もう一つ，あまり語られていない，ワロンとピアジェの違いとして触れておきたいのは，戦争体験の違いである．永世中立国スイスの一国民として一生を終えることができたピアジェは，二つの世界大戦に直接，巻き込まれることはなかった．ピアジェは，第一次大戦が始まった1914年に18歳，第二次大戦が火蓋を切った1939年には43歳であった．スイス以外のヨーロッパの国に生まれていれば，ピアジェも否応なく両大戦のいずれか，あるいは両方で兵士として出征し戦っていたかもしれない．しかし，幸運にもピアジェはそうした戦争体験と無縁でいられた．

　それとは対照的にワロンは，第一次大戦では従軍医として最前線の塹壕戦を経験した．そこでは，人間がいとも簡単に死んで行く地獄の光景と，生き延びた人々さえもが肉体的にも精神的にも病んで朽ちていく光景を目の当たりにしたに違いない．さらに，第二次大戦では，ナチスのパリ占領に抗するレジスタンスの運動に身を投じた．前者の経験は30代後半，後者は60代で

の，他の人々よりはずっと高齢での文字通り，アンガージュマン（自己投企）であった。

　ピアジェの理論が，ともすると美しい数学的な体系性を志向し，ワロンの理論がフランス的明晰さからは遠く，入り組んだ現実の全体を対立や相互浸透といった面から解きほぐそうとして，さらに入り組んでいくかのように見えるのは，二人の上記の戦争体験の違いと関係があるように思えてならない。理論と現実との関係で言えば，自らが立てた理論的な理念型を現実の中に絶えず探し求めようとするか，理論は一つの抽象に過ぎず観念であり，現実の豊かさを前にして絶えずそうした観念を鍛え直して現実と格闘しようとするか，根本のところで，この精神の違いがピアジェとワロンの間に横たわっているのではないだろうか。そして，その違いは，どのような現実を前にして世界を見ることを学んだか，と無縁でなく，そのことに深く両者の戦争体験の違いが反映しているように思えてならないのである。

　筆者は，単純に両者の違いを，一方を是として他方を否としたいのではない。筆者の資質からすると，ある意味でピアジェ的明晰さのほうがずっと心地よい。しかし，そうではない現実の見方を学ぶことが，幸運にも今までのところは平和な時代を生きている日本の私たちに，必要と言えるのではないだろうか。

引用文献
Cohen, D. (1981) *Faut-il brûler Piaget?* Paris: Éditions Retz.
加藤義信（2003）日本におけるフランス語圏心理学の受容——研究序説．第二次世界大戦前後における教育・社会系心理学の展開とその功罪：平成 13－14 年度科学研究費補助金基盤研究（B）（1）研究成果報告書（研究代表者：足立自朗．課題番号 13410032）．78-95.
Nadel, J. (2013) Henri Wallon (1879-1982): Panel presentation in Pioneers in Developmental Psychology & Psychopathology in French Speaking Countries. *European Conference of Developmental Psychology*, Lausanne, 2013.

第 2 部

アンリ・ワロンの発達思想：各論

第4章

アンリ・ワロンの発達思想のエッセンス

1. アンリ・ワロンの発達思想の基本特徴

　アンリ・ワロンの発達思想について語ることは，とてもむずかしい。ふつう，発達理論を紹介するとなれば，その理論の中核となる諸概念を説明し，発達段階論について触れ，各論となる主要な著作を解説すれば，一応の当該理論のアウトラインを描くことができよう。ところが，ワロンの場合，そのいずれもが容易でない。容易でない理由の一つは，ワロン自身が自らの思索の跡を定式化したり図式化したりすることを極端に嫌ったことにある。これについて，ザゾが一つの逸話を書き遺している（Zazzo, 1975/1978）。

　ワロンがコレージュ・ド・フランスで教え始めた最初の年（1937年），ザゾは彼の助手をつとめていた。あるとき，学生たちの幾人かがザゾを探しにやってきて，自分たちのために「ワロンの講義の復習をして（répéter）くれないか」と頼んだ。ザゾがこの要求をワロンに伝えると，ワロンは激しくこれを拒んだ。ワロンは言った。「連中と私とのあいだに仲介などありえない。……要するに，私が言うことについて『わかりやすい（clair）』言葉への翻訳などありえない」と（原著p.33，邦訳p.40）[1]。

　明晰さ（clarté）は，フランス語という言語の最も重要な特質であるとされる[2]。ところが，ワロンは明晰さをもって自らの思索を語ることに，

---
[1] 引用文は，波多野・真田訳を一部変えてある。
[2] 「Ce qui n'est pas clair n'est pas français.（明晰ならざるものはフランス語に非ず）」（Rivarol, A.）は，フランス語についての，最も有名な神話的定義である。田中克彦（1981）参照。

ほとんど拒否反応を示す。なぜワロンは学生たちに対して，かくも頑なであったのか。それは，「わかりやすく（clair）語ること」が，現実と向き合うワロンの態度と相いれなかったからであり，この点でのいかなる妥協もワロンにとっては考えられなかったからである。

　ワロンにとって，子どもの発達とは，対立と矛盾，飛躍と後退を孕み，ダイナミックに変化して止まない過程である。したがって，一見混沌としたこのような過程を正確に捉えようとすれば，記述の単純化や説明の単一原理への還元に，禁欲的でなければならない。第3章で既に詳しく見たように，ワロンは，何より複雑な現実の中にある差異や矛盾に目を向けた人である。優勢なものの背後にあって前景化していない機能の働きの重要性や，異質な機能間にある，隠された発生的関係の可能性について，初めて深く考えた人である。姿勢‐緊張系の機能に注目する彼の独特の発達論は，こうした視点を踏まえて子どもを診る日々の臨床実践の中から生まれた。

　ザゾはこのワロン的視点について次のように書いている（Zazzo, 1975/1978）。

　「ワロンとは，事物へのひとつの接近の仕方（une manière d'aborder les choses）であり，その発見の数々なのである。彼のなし得た発見の数々こそが，その方法的態度の豊かさを示している」（原著 p.28，邦訳 p.36）

　ワロンの発達論とは，子どもの発達への「ひとつの接近の仕方」「ひとつの視点」なのであって，その視点から，ある現象の予測を直ちに引き出したり，ある問題へのすぐに役立つ実践的指針が得られる"理論"ではない。また，第3章で論じたように，視点そのものは，反証や検証が可能な仮説ではなく，その背後にある基本前提であり，それゆえ，異なる視点間の優劣を巡る議論は起こり得ても，その決着を実証レベルでつけられるわけではない。[3]

---

[3] 本文中のような理由から，筆者はワロンの「発達理論」という表現の使用に違和感がある。既にお気づきと思うが，本書ではそのため，ワロンの「発達論」ないし「発達思想」

ワロンの発達論は，このように厄介である。本書で「エッセンス」と称して彼の語ったことの一端を仲介者として伝えようとすること自体が，ワロンを裏切る行為であるような気がして，既に後ろめたい。それでも一方で，ワロンをいくらかなりとも知れば，世界の見え方が変わり，子どもの見え方が変わり，発達についての考え方が変わる，というささやかな思いが筆者にはある。また，ワロン的視点は，それ自体，実証ベースに乗らないとしても，個々の発達現象についての実証的な研究を進めるさいに，新しい仮説着想を促す宝庫になりうる，との思いもある。後者は，認知発達の実験心理学的研究を四半世紀以上続けてきた筆者が，長い時間をかけてやっと実感できるようになった思いでもある。以下は，こうした思いに基づいて，ワロン的視点とは何かを少しでも読者に伝えたいとの一念で，あえてまとめた筆者なりの「エッセンス」である。

2. ワロン的に子どもを見るとはどういうことか？

パリがナチス・ドイツの占領下に置かれていた 1941 年，ワロンは 6 番目の著書『子どもの精神的発達』を上梓した。その書の第 1 部第 1 章の冒頭を，彼は次のように書き出している（Wallon, 1941/1982）。

「子どもは自らの子ども期をただ生きるだけである。子ども期を認識するのは大人の仕事である」（原著 p.11，邦訳 p.13）[4]

これは当たり前の事実であるが，よく考えてみると決定的に重要な事実である。子どもは自分の子ども期を認識対象にできない。ただひたすらそれを生きるだけである。逆に，大人は子ども期を認識対象にはできても，自分の子ども期を再び生き直すことはできない。この非対称性こそ，大人と子どもの関係の基本構造ではないだろうか。では大人は，子ども期を，そして子ども自体を，どのように認識するのだろうか。ワロンは，そ

という表現を主に用いている。
4) 訳は原著に照らして変えた部分がある。ワロンの著書の翻訳については，以下，同様。

の認識の出発点に，そもそも大きな落とし穴があると警告する（Wallon, 1941/1982）。

「人間はいつもまず，自分の認識対象の中に自分を重ね合わせて，自分自身の存在や活動について自分なりに作り上げたイメージをそのまま対象に当てはめてしまうので，大人である自分たちから生まれて，やがては自分たちと同じような大人になる存在である子どもに対しては，そうしたい気持ちはどんなにか強いに違いない。……（だから，子どもを理解しようとして，ついつい）大人の動機や感情を補って子どもにもそうした感情や動機があるとみなしてしまう。そうしないでいることはとてもむずかしいであろう」（原著 p.11，邦訳 p.13）

1941年に『子どもの精神的発達』が書かれたときの時代的文脈を考慮すれば，上記の文章は，フランス社会に根深く残っていた，子どもを「小さな大人」と見なす傾向への警鐘でもあった。

今でこそ，子どもは大人とは異なる独自の存在であり，先行世代の大人を乗り越えて新しい社会の担い手として育っていく存在であることを，私たちは自明の事実として受け入れている。しかし，このような子ども観の常識化自体が，一つの歴史的達成物であることを私たちは忘れていないだろうか。フランス革命以前の西欧の伝統社会では，大人と子どもの境界はあいまいで，はっきり区別される年齢階梯としての「子ども期」は，誰もが通過する社会的な一階梯として存在したわけではなかった。よく知られているように，このような伝統的子ども観の変革を社会・教育思想の分野でリードしたのが，18世紀中葉にフランスに現れたルソー（Rousseau, J.-J., 1712-1778）[5]であり，その主張は「子どもの発見」として今日の子どもの権利思想に繋がっている。ルソーの「子どもの発見」は，①子ども期には特有の考え方，感じ方，振る舞い方があり，それ自体が固有の価値を持つ，②子どもは，その成長の年月をそのものとして幸福に過ごす権利を有

---

[5] ルソーは，当時は独立共和国であったジュネーヴに生まれ，長じてパリに出て，フランスで活躍した。

する，の2点の主張を中核とする（Debesse, 1970）。この主張が社会的承認を得て，先進諸国において制度的バックアップの実現をみるには，ルソーからさらに200年近くの年月が必要であった。

フランスはルソーの『エミール』と革命による人権宣言を生んだ国ではあっても，古い社会秩序と文化的慣習の中に「子ども＝小さな大人」という現実が19世紀と20世紀を通じてヨーロッパ諸国の中でも最も長く残存した国である。フランス文化に通暁していたドイツ人クルツィウス（Curtius, E. R.）は，フランス社会が成熟した大人の文化に価値をおき，子どもや青年のサブカルチャーが育たず，子ども自身も早く「子ども期」を脱したいと願う社会であることを，皮肉を込めて語っている（Curtius, 1930/1977）。知識や徳目の教え込み中心の教育を刷新し，子どもの自発的な活動を何より大切にしようとする「新教育運動」[6]が，特に1920年から1930年代にかけてフランスで大きな広がりを持ったのも，この時代になお「子ども＝小さな大人」の古い子ども観がこの国で支配的であったことを逆に物語る。ワロンは「新教育運動」に積極的に関わった。したがって，『子どもの精神的発達』を執筆した1941年当時，ワロンがこのフランス的現実を強く意識しなかったはずはない。この本の第1章が「子どもと大人」と題されて始まり，まず「子ども認識のむずかしさ」に数ページが割かれたのも，このような理由からであろう。

確かに，「子どもは大人でないのだから，大人によって大人のように扱われるべきでない」（Wallon, 1958）。しかし，子どもを子どもとして扱い承認することと，子どもを大人とは本質的に異なる存在として理解することとは，同じではない。ワロンが言いたかったのは，前者は後者の理解なくして本当には社会の現実として定着しないこと，そして，その理解こそが子ども研究者にとってもいかにむずかしいか，ということであった。彼

---

[6] 20世紀前半にヨーロッパから全世界に広がった，子どもの自主性・自発性を何より重視する教育改革運動。フランス語圏では，ワロンとピアジェがこの運動に積極的に関わった。堀尾（1979），杉下（1995）を参照。

は同じ章の中で,「大人の自己中心性（égocentrisme de l'adulte)」という表現を用いて,このことのむずかしさを繰り返し強調している。「大人の自己中心性」とは,もちろん,ピアジェの（幼児の）「自己中心性」を意識した表現である。幼児は自己の視点を自覚化できないために,他者の視点と自己の視点の区別ができず,結果として他者から見た世界も自己から見た世界と同じものとしてしか考えられない。これとまったく同じことが,子ども理解の際の大人の側に起こってしまうことを,ワロンはまさに「大人の自己中心性」と呼んだ。

　こうしたバイアスが避けがたく常にあるとすれば,当然ながらその根拠があるだろう。ワロンは次のように言う（Wallon, 1941/1982）。

　「つまるところ,子どもに押し付けられる環境とは,大人の世界である。その結果,（子ども時代の）それぞれの時期には,誰にとってもよく似た心の発達が見られることになる。しかし,だからと言って,子どものために大人が自分で持ち込んだものしか子どもの中に認めないという権利は,大人にはない」（原著 p.15,邦訳 p.19）。というのも,「もし大人が子どもを超えているならば,子どもは子どもなりの仕方で大人を超えている」（原著 p.15,邦訳 p.19）こともあるからである。

　子どもはその誕生の初めから,先行世代の大人が作りだした世界の中で育つ。子どもの周りにあるのはほとんど人工物の世界であり,あらゆる機能が未熟な段階から,大人は子どもを自分たちの世界に誘う働きかけを積極的に行う。情動表出がまだ生理的次元と未分化な段階から,そこに大人にとっての意味を引き出したり（ミルクを飲んだ乳児が示す満ち足りた快の情動表出を,大人は自己に向けられた微笑みとして解釈したりする）,言語機能が備わるはるか以前から,乳児に意味あることばをシャワーのように浴びせるであろう。また,運動表出の紙上の痕跡に過ぎないなぐり描きの中に,何かを指示する形を見出して命名もする。大人は絶えず子どもに先回りして,大人の世界の意味づけを子どもの表出や行動に与えるのである。近年の「心の理論」研究の中で注目されている mind-

mindedness の概念も，こうした大人の「先回り」の例と見なすこともできよう（Meins, et al., 2002）。mind-mindedness とは，母親が乳児を「心を持った存在」として扱い，その情動表出や行動を"読み"，心的状態語（「おいしい」「うれしい」など）を使用して子どもに反応を返す傾向のことを言う。マインス（Meins, E.）らは，子どもが6カ月時点での母親のこうした傾向性と，子どもが4歳時点での「心の理論」課題との成績との間に，顕著な関連があることを見出しており，日本でも類似の研究結果が報告されるようになっている（篠原，2013）。

このような「先回り」があるからこそ，もっと言えば，大人の側の誤解の連続があるからこそ，種としてのヒトの子どもは人間になれる。大人の側の誤解こそ，子どもの発達の条件なのである。しかし，誤解は理解ではなく，子どもの世界そのものを映しているわけではない。ときとして，その誤解が子どもを苦しめることもないではない。

子どもの発達の条件でありながら，子どもを子どものまま理解することを拒む条件こそ，ワロンの言う「大人の自己中心性」なのであろう。ワロンの著作にはこの種の矛盾や逆説が満ちている。それは現実そのものの反映なのであって，そのように現実を認識するところから，現実を越える一歩も踏み出すことができる。

では，「大人の自己中心性」を大人自身が自覚して，それを越えるためにはどうしたらよいか。ワロンは，大人が子どもと自分との間にいろいろな相違を認めるだけでは不十分だと言う。なぜなら，大人はしばしばその相違を，"引き算"（soustraction）で考えてしまうからである。いわく，「まだ〜を知らないから」「知恵が足りないから」「器用さが欠けているから」など。完成体としての大人から何かを差し引いた存在，まだ何かが不十分な状態にある存在として，子どもを見てしまう。相違は程度の差や量的な差に解消され，そうなれば，子どもは「小さな大人」であることと変わりがない。

そうではなく，「たまたま子どもの感じ方や考え方が大人の感じ方

や考え方と特徴的に違っている」と，大人が認めることもある。しかし，その場合にも，大人はそれを「（子どもの側の）一種の勘違いや逸脱（aberration）と見做すだけで終わってしまう」（同前，原著 p.13，邦訳 p.15）。ならば，この場合も，「大人の自己中心性」とは別の態度によって子どもを捉えることにならないであろう。ワロンは続けて次のように言う。

「（子どもの）勘違いや逸脱は，疑いもなく恒常的なものであり，そのようなものとして，大人の観念体系と同じぐらいに必然的で正常なものであって，そのメカニズムを明らかにすることこそが大事なのである」（原著 p.13，邦訳 pp.15-16）

　ここでワロンが言っていることも，ある意味で逆説的である。子どもの感じ方や考え方の違いを子どもの側の勘違いや逸脱と見なしてしまうことこそ，「大人の自己中心性」に由来する大人の側の"勘違い"（aberration）なのである。そうではなく，こうした子どもの"勘違い"や"逸脱"こそ，子ども独自の心の世界を垣間みるきっかけとなり，その背後には，それぞれの年齢に応じた，子どもなりに一貫し，それでいて揺らぎつつ発達する心のシステムがある。それを捉えなければ，私たちは本当の意味での子どもの独自性を捉えたことにならない。

　話の抽象度が高いので，少し具体的に考えてみる。

　乳児は1歳を過ぎるまで，ことばのない世界に生きている。ことばを既に獲得してしまった大人に，それがどのような世界か想像できるだろうか。いったんことばを獲得してしまえば，日本語の音声を聞いてそれをただの雑音として聞いたり，外国語のような音の羅列として聞くことはもはや私たちには不可能である。文字を覚えてしまえば，文字の形は単なる図柄ではなく，否応なく私たちはそれを言語音に結び付けて読んでしまうだろう。私たちは，私たちの心の働きの何かが不足している世界を想像することはできる。しかし，それが決定的に欠けていた世界はもはや原理的に体験できないのである。このようなことはことばに限らない。実は，子どものいろいろな機能行使や発達途上の現象の背後に，私たちに既に「あ

る」がゆえに，子どもたちに「ない」ものが見えないということがあるのではないだろうか。「ない」ものが見えないから，私たちの手持ちの「ある」もので解釈してしまうということがあるのではないだろうか。

ワロン的子どもの見方とは，このように「子どもの異質性」をどこまでも問い詰めて捉えようとする見方である。そこから必然的に，異質なものが別のものへと変化していくロジックを探る「発達」研究が，彼の中心的仕事となった所以も理解できよう。

3. 発達を「非連続」として捉える思想

子どもが大人と決定的に異質な存在であるとすれば，その異質な存在がどのように大人になるかという問いは，困難な問いとなる。もちろん，現実には大人と子どもという両端の二項があるのではなく，子どもは時間をかけて変化し大人になる。とすれば，ワロンの言うように（Wallon, 1941/1982），「子どもをその発達において観察し，年齢の過程をつぎつぎにたどり，前もって大人の論理的な枠組みによってチェックをかけたりしないで，年齢に対応する諸段階（stades）を研究すれば」（原著 p.13, 邦訳 p.16），これまでとは違った見方で，異質な二項を繋ぐことができるだろう。しかし，差異や矛盾に注目するワロン的な見方からすれば，諸段階もまた互いに異質性をもって現れることになる。「子どものそれぞれの段階をその全体性を念頭において検討しようとする者にとっては，子どもの諸段階の次から次への移り行きは非連続的なものとして現れる。ある段階からある段階への移行は，単なる増大・拡大ではなくて，再構築（remaniement）なのである。前の段階で優勢な活動は次の段階では少なくなり，ときには見たところ消滅してしまうこともある。二つの段階の間には，しばしば危機（crise）が生まれて，子どもの行動はこの危機によって目に見える影響を受けることもある」（原著 p.13, 邦訳 p.16）。

発達を非連続として捉えること，これこそワロンの発達の見方であり，

それは必然的に段階論を要請することになる。しかし，その逆はいつでも真ではない。発達段階論であれば必ず，発達を鋭いエッジで区切られる非連続の事象のように捉えているとは限らない。

今でこそ，年齢依存的な発達段階論に多くのページを割く発達心理学のテキストは見かけなくなってしまったが，20世紀の半ばは発達段階論が大流行りの時代であった。そこでは，個別領域に限定した発達段階論（例えば，コールバーグ（Kohlberg, L.）の道徳性の発達段階論など）から，子どもの全機能領域（あるいは認識とか感情とかの大きな機能領域の全体）をカバーする発達段階論まで，また純粋に記述的なレベルの発達段階論から周到な説明概念を備えた発達段階論まで，百花繚乱の気味があった。その中で，ピアジェやワロンあるいはフロイトの発達段階論は，大きな機能領域を括り，かつ固有の説明概念を有する段階論であり，ひときわ異彩を放っていた。しかし，1980年代以降，彼らの段階論は「発達のグランドセオリー」の名のもとに，特に英語圏の心理学者たちから批判を受けることになる。

段階論の歴史的経緯については，今それを語る場でないので，これ以上触れない。ここで指摘しておきたいのは，発達段階論華やかなりし頃であっても，ワロンのように徹底して発達の非連続面に目を向け，異なる段階間の移行の問題をその現実に即して考え抜いた人はいないということである。確かに，あらゆる発達段階論は発達過程に何らかの区切りを見出すという意味で，発達の現象的な非連続面への注目を共通項としている。しかし，それを説明する段になると，そのまなざしを徹底させることができない。

1928年に始まって1962年に没するまで，ワロンが終始変わらずピアジェを批判し続けたのは，まさにこの点であった。[7] ピアジェの発達段階

---

7) ワロンのピアジェ批判の要諦は，Wallon（1942/1962）の第1部第1章「意識の諸問題（原題は La psychologie de la conscience）」にある。なお，1928年に始まるピアジェ×ワロン論争の全体を詳しく紹介した書として，加藤・日下・足立・亀谷（1996）がある。

論は，感覚運動的段階から前操作的段階を経て操作的段階（後にこの段階はさらに具体的操作の段階と形式的操作の段階の二つに分けられた）に至る知能（論理操作）の発達段階論である。子どもが行為レベルでの対象操作によって課題解決を図っていた段階から，心的な水準での記号やシンボルの操作によってより高度な環境世界への適応を図る段階へとどのように移行していくか，を説明しようとした段階論である。ピアジェの段階理論は，豊富な観察事例（彼自身の三人の子どもの詳細な観察）と適切な実験課題（対象の永続性や保存課題など），それらを包括的に記述したり説明したりする体系だった概念群（同化，調節，均衡化など）によって，当時としては間違いなく際立って優れた発達理論であった。また，その段階区分は，子どもの知的発達の質的差異を理解する上で大いに役立つように見えた。特に，前操作的段階を介して感覚運動的段階（運動的水準）から操作的段階（心的水準）へと至る過程として，子どもの知的発達を描いたことは，動物における適応様式である物理的・自然的環境への運動的適応から，人間に固有な適応様式である意味や表象を介しての心的適応へという変化が，つまるところ，まさに人間的なるものの成立における最も大きな質的変化が，どのようにして生ずるかを示そうとした点で，画期的な理論であった。

　ワロンは，ピアジェのこのような問題の取り上げ方，発達過程の記述自体に賞賛を惜しまない。しかし，ワロンは，ピアジェが一方で運動的水準から心的水準への「構造的非連続」を強調しながら，その見方を徹底できずに，二つの水準の差異をいとも容易く「機能的連続」という考え方によって埋めてしまったことを，厳しく批判する。ピアジェによれば，生活体が外的世界を自らの仕組みに取り込んでいく同化の機能と，外的世界に合わせて自らの仕組みのほうを変えていく調節の機能は，消化-吸収をはじめとする生物学的活動の水準でも，外界に行為的に働きかけて外界を変え同時に自分が変わる運動的水準でも，また，ことばや記号といった表象を媒介にして環境とやりとりする心的水準でも，共通の不変項として存在

しているという。であるならば、運動的水準と心的水準は機能的に連続しており、感覚運動的段階から前操作的段階への移行は、運動的シェマ（環境と関わる主体の側に生まれた運動的な図式）が心内化して次第に操作的構造（論理操作）へと変わっていく自然な移り行きとして語られるだけとなり、質的に異なる段階間の移行は、いつの間にか変化の時間的継起の記述以外の説明を要しないものとなってしまう。それまで存在しなかった心的操作がなぜ2歳を過ぎると生まれるかの決定的な説明は、ここには見出せない。

　ワロンのこの問題に対する考え方は、まったく異なっている。運動的水準から心的水準への移り行きは機能的にも非連続である点こそが問題であり、後者の誕生を説明するには、運動機能だけに注目するのではなく、乳児期に優勢である他の異質な諸機能、とりわけ姿勢機能と情動機能との関係を見ていかねばならないことを、ワロンは指摘する（Wallon, 1942/1962）。ピアジェのように「目前にある2つの効果ないし現実を、似ているものとして、また同一のものとして、みなすことにより、差異や対立が解消されるわけではない。まさに反対に、これらの差異や対立の相違面、またその原因や条件をいっそう深く掘り下げることによって、はじめてそうした差異や対立を解き明かすことができるのである」（原著 p.40, 邦訳 p.53）。

　子どもにどのようにして心的な世界が形成されるか（表象機能がどのようにして生まれるか）に関するワロンの見解は、きわめてユニークであり、第5章で詳しく紹介する。ここではさらに、なぜピアジェが発達における非連続的な見方を徹底できなかったかについて、ワロンが行っている鋭い指摘に触れておこう。

　それは、ピアジェに限らず多くの発達の理論家が陥りやすい暗黙の理論的バイアスについての指摘である。発達現象を説明しようとするときに私たちには、段階の継起のあとのほうから前のほうへと遡って発達的変化の特徴を考えてしまう傾向が根強くある。これは、「子どもの見方」のとこ

ろで指摘した問題と基本的には同型の傾向と言える。つまり，発達の結果としての完成体（大人）に見られる行動や機能の特徴を先行する段階に投影して，そこによく似たものを発見しようとし，その片鱗が見つかると，今度はその同型の何ものかが前の段階にあることをもって，後の段階にそうしたものの発展型が現れることを必然とする説明ロジックのことである。この説明ロジックこそ，発達の連続性を暗黙の前提としており，このタイプの誤謬にピアジェも陥っていると，ワロンは批判する。ピアジェが感覚運動的段階での運動的シェマの中に後に心的レベルで可能となる論理操作の片鱗を見出し，これをもって論理操作の成立の発生が説明されるとしたのは，まさにワロンの指摘したこのロジックの適用であったと言える。

　このような発生的説明に対するワロンの批判は，実は現在においてこそ重要である。近年，発達心理学における乳児研究の進展はめざましい。赤ちゃんが「これまで考えられていたよりはるかに"認知的に有能"であり，驚くほどの学習能力をもっている」といった類の発見を報告する研究が，ここ 20 年余の間，続いている。つまり，これまで一定以上の年齢になって初めて見られるとされた機能や能力が「早くからある」とする発見競争が熾烈を極めるようになっている。筆者は以前に，こうした近年の乳児に関する研究スタイルを「"小さな大人"発見型研究」と呼んだことがある（加藤，2011）。このスタイルの研究は，まさに大人と同型の認識世界が乳児にもあるとする「発達の連続性」を前提に組み立てられていると言えるだろう。その行き着く先は明らかである。大人に見られる機能や能力の萌芽は「誕生の初めからある」と主張する生得論である。生得論こそ，ワロンが批判して止まなかった究極の「発達なき」発達の説明ロジックであることがわかるであろう。

　ワロン的な観点からすると，こうした説明ロジックに陥ってしまえば，発達の過程が「経験的にも知られている高次の機能を前提にした地点からしか見えてこないというだけでなく，後の段階で生ずる新しい機能が，前の段階のそれと見かけの上で矛盾したり関係をもたないかに見える機能と

繋がっていたり，そうした複数の機能の対立の止揚として誕生するかもしれない可能性が，……排除されてしまう」（加藤，2011）[8]ことになる。ワロンの発達論とは，まさに，ピアジェを始め，過去の理論家たちが知らず知らずのうちに排除し，今また，現代の発達心理学の主流的立場がいっそう極端な形で排除してしまった可能性を，逆に問い詰め明らかにしようとする発達論である。次に，その発達論の内実を見てみよう。

4. 姿勢，情動，運動，表象の連関と対立に注目した発達論

（1）ワロン発達論のオリジナリティの中核とは？

　ワロンは"情動の理論家"と呼ばれる。それは間違いではない。しかし，ワロンの発達論のオリジナリティを，もっぱらこの情動への注目とその理論化に求めるとするなら，それは正しくない。確かに，20世紀の過半を通じて，「情動」や「感情」を対象とする科学的な研究は，認知面の研究に比べれば大きく立ち後れていた。したがって，ワロンが，20世紀前半に既に，この発達の問題に真正面から取り組んでいたこと自体，十分画期的だったと言えるだろう。ただ，ワロンも初期にはその系譜上に位置づくフランスの精神病理学の伝統を踏まえれば，このことはそれほど特別なことではない。フランス心理学の揺籃期には，ワロンに先立って，ジャネをはじめとする病理学的心理学者が活躍したが，彼らは当然のことながら，「情動」や「感情」の心理学的問題に深い関心を持っていた。若き哲学徒であり続いて医師として職業生活を始めたワロンは，この伝統の延長の上に，やがて"情動の発達の理論家"となったのである。

　ワロンのオリジナリティが，単に情動について精緻に語ったということだけにないとすれば，どこにあるのだろうか。この点に関しては，次のような主張が有力である。同時代の病理学的心理学者やドイツ語圏の精神分析学者と比べて，あるいは，もっぱら認識の発生論に関心のあったピア

---

[8] 加藤（2011），p.18 より引用。

ジェと比べて，ワロンは情動と認識の両方を視野に収めて子どもの発達の全体性を捉えようとした，と。これは，我が国で定説になっている主張である。確かに，この定説は，ワロンの発達論の基本特徴を捉えていて正しい。しかし，「情動」と「認識」の両方を視野に入れた発達論という点だけ取り上げれば，それは何もワロンの専売特許でないことも認めなければならない。事実，ワロンの終生の理論的ライバルであった，あの主知主義的なピアジェですらも，一時期，自らの発達理論の中に「感情論」を位置づけようと試みたことがある[9]。また，ワロンやピアジェと同時代人であったヴィゴツキーも，その晩年には（といっても，彼は若くして38歳で亡くなったのだが）感情論の展開を試みて，未完に終わっている（中村，2014）。

　20世紀をリードした二人の発達の大理論家のこのような挑戦は，今から振り返ると成功したとは言いがたいのだが，それでも，ピアジェもヴィゴツキーも，領域固有性論が優勢な現代の発達心理学から見れば，ある意味では「発達の全体性」論者であったと言えるのではないか。

　また，この種の「全体性」論の一つとして，筆者の記憶に蘇るのは，ロシア（当時はソビエト）の心理学者エリコニン（Elkonin, D. B.）の発達論（エリコニン，1972）である。彼は，「子どもの活動の分野には，欲求-動機的分野の系と技術-操作的能力の系があり，それらが交互に発展し，どちらかが他に比較して主要になる時期があり，それは主導的活動として展開され，その主導的活動の交替が発達段階の移行を導く」と主張した（金田，1979）。この説は，日本では1970年代に，発達研究者に少なから

9）　ピアジェは1953年から1954年にかけて，パリ大学（ソルボンヌ）において「子どもと青年の発達における知能と感情性との関係（Les relations entre l'intelligence et l'affectivité dans le développement de l'enfant et de l'adolescent）」と題する特別講義を行った。この講義で初めて，ピアジェは感情性の問題に取り組んだと言われている。しかしながら，「知性中心主義」という，年来の彼に対する批判に応えて行われたこの講義も，情動や感情をもっぱら，知的活動を駆動するエネルギー的側面として捉えたために，フランスでは必ずしも高い評価が得られず，このときの講義要綱は結局，出版されずに終わったという（Meljac, 2000；Tap, 1983）。

ず影響を及ぼしたと言える。これも，広い意味では，情動と認識の両方をカバーし，発達の「全体性」を強調した論として，少なからぬ人々の記憶に残っている。

　では，他に類を見ないワロン発達論の先駆性，独創性とは，結局のところ何なのであろうか。第2章で既に短く端的にその答えを提示したが，それは，人間の発達過程において姿勢の機能が果たす役割に初めて注目し，これを情動機能との深い繋がりの相において捉え，さらにはこれら二つの機能と，運動機能，感覚知覚機能，表象機能といった，人間の心の働きを構成する大きな機能領域との発生的関係をダイナミックに描く視点を切り開いた点にある。

　以下，この点を詳しく見ていく。

(2) 姿勢機能の発見——能動と対をなす受動の相の復権

　第2章で見たように，発達心理学が子どもをどのような対象と見なし，その発達的変化にどのように迫るかは，近代になって成立した人間観・子ども観に大きく規定されている。特に，現在の発達心理学の中心には，近代の「能動的・活動的存在としての子ども」観が自明の前提として共有されていると言えるだろう。もっと言えば，個体と外界の関係が心理学的分析の単位となり，個体の側が能動的に外界に働きかけ，その結果として外界に変化が生ずると同時に個体自身が変わる，その絶え間ない過程の連続として発達過程を見るという見方が基本構図となっていると言ってよい。ピアジェの同化‐調節過程としての発達論はその典型であるが，ピアジェを批判して登場した現在の発達心理学のさまざまな潮流の多くも，ニュアンスの違いはあっても，その基本構図自体は受け継いでいると考えてよい。

　ワロンの発達論には，このような近代の人間観・子ども観の枠を突き破って，私たちの人間の見方・子どもの見方を大きく広げる構想が含まれている。筆者の思いも込めて誤解を怖れずに言えば，ワロンの発達論には人間存在の「能動」の相と拮抗する「受動」の相の復権が内包されている。

近年，アフォーダンスの立場からユニークな人間論を展開している河野哲也は，近著『境界の現象学』において，次のような指摘を行っている（河野，2014）。
　「考えるという能動的な心の働きにこそ自己の本質があると主張したデカルト以降，近代哲学の主体概念には，根本的に受動性の概念が欠落している。……身体性とその身体が被る受動的側面が忘却されている。心理学が扱う『心』も，デカルト的自己の概念をどこかで引き継いでいる。心理学においても，人間の心理を能動的な『働き』として捉える傾向が強い」（p.44）
　ここで「受動性」と言っているのは，どのようなことであろうか。河野が上記の引用のあとに展開する論とは少し異なるが，筆者の頭にまず思い浮かぶのは，次のような発達的事実である。
　生体が外界からの刺激を受け止めてすぐそれに反応を仕返す仕組み（反射や習慣的行動）をワロンは自動作用（automatisme）と呼んだが，ここには能動の相もそれと対をなす受動の相も，人間存在の様態を記述するカテゴリーとして入り込む余地がない。そもそも，このような状態においては，行動に先んじて意図や欲求を持つ「主体（＝自己）」なるものが立ち上がっていないからである。誕生後しばらくの赤ちゃんの状態，つまり，原始反射と運動的痙攣と泣きを中心とする情動興奮からなる状態が，このような場合である（ワロンの「衝動的段階」）。しかし，2カ月前後から，人間の赤ちゃんは，はっきり他者に対して志向的存在となる。すなわち，養育者と向き合ってしっかり相手を見つめることのできる能動的存在となる。ところが，そうした志向的存在となることは，他者による志向性を受け止める存在となることと同時にしか成り立たない。「見つめる」ことが，他者によって「見つめられる」ことの受容と対になって，初めて志向性は成立するのである。「見つめられる」ことがなければ，たとえ「見つめる」ことが自生的に始まったとしても，長続きせず消滅するであろう。あるいは，「見つめられて」初めて「見つめ返す」能動の相が立ち上がると言っても言い過ぎでないかもしれない。ここにあるのは，モノに対する行為を

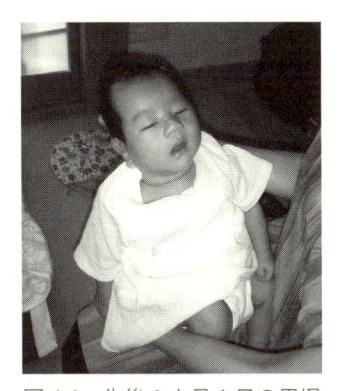

第4章　アンリ・ワロンの発達思想のエッセンス　119

図4-1　生後1カ月1日の男児
目は「見えている(see)」の状態で、「見ている(look)」になっていない。抱いて目を合わせても、こちらが見えていることは了解できるが、向こうから見つめられているという感じが湧かない。全体に、ぼわーっとした感じがあり、まだ、応答的存在となって、世界と向き合うに至っていないようである。

図4-2　生後3カ月10日の男児
目がseeの状態からlookの状態へと大きく変化しているのがわかる。しっかり向き合って、互いに見て見られていることが実感されるようになる。こちらの関わりを受け止める存在、主体の萌芽を感じ取れる。見つめて声を出し笑いかけると、ゆるい微笑反応が起こる。

(筆者撮影、いずれも瀬野由衣氏の協力による)

発達の中心におくピアジェの感覚運動的循環反応とはまったく次元を異にする発達的事実ではないだろうか。

　図4-1と図4-2は、このような事情を示す、筆者が行った乳児の観察事例である[10]。

　ワロンが子どもの発達を見る視点とは、まさにこのような視点であると筆者は考える。つまり、能動的行為主体としての個というアスペクトから

---

10) 観察例にあるように、生後1カ月ぐらいまでの赤ちゃんが、未だ他者に対する志向的存在になっていないという印象の背景には、当然、視覚のメカニズムの未成熟がある。生後4週までの赤ちゃんでは、眼球の水晶体の調節が未だうまく機能せず、特定の距離の対象しか鮮明な網膜像を結ばない。つまり、それ以外の距離の対象はぼんやりとしか見えていないことになる。しかし、見るという働きは、実は全身体的な過程(浜田・山口、1984)であって、志向的な「見る」の背後には、何より一定の緊張を漲らせた身体が成立していなければならない。そして、そうした身体が生み出されていくには、他者の志向的な身体と出会うことをおいてしかありえないのである。

人間や子どもを見る視点に止まらず，常にその背景に沈み込んで見過ごされてしまう，「能動」の相と対になる「受動」の相のアスペクトからも，人間や子どもを見る視点をワロンは提供してくれる。そして，この視点こそが，人間の共同性を成り立たせている生理－心理的基盤とは何か，表象機能はどのようにして発生するのか，自己意識はいかにして芽生えるか等の発達の謎を解き明かす鍵を提供してくれるのである。

ここで「受動の相」という語を用いることに，読者の多くは抵抗を感じられるかもしれない。近代が自明のものとする価値意識からすると，「能動」の対語「受動」には否定的な含意しかないように思えるのではないだろうか。しかし，そうではない。

哲学者の中村雄二郎は，この点に関し，次のように述べている（中村, 1992）。

「われわれ人間は，身体をそなえた主体として存在するとき，単に能動的ではありえない。むしろ，身体をもつために受動性を帯びざるをえず，パトス的・受苦的な存在にもなるからである。すなわち，能動的であると同時に他者から働きかけを受ける受動的な存在であることになる」（p.64）

ここで中村が「パトス的」と言っている「パトス」とは，ギリシャ語で「他から働きかけを受ける」こと，つまり英語のpassiveに繋がる受動のことである。しかし，この語から派生した語は他にも重要な語がある。ヨーロッパ語のpassion（情熱，情念）は今では日本語としてもそのまま用いられるが，大文字書きにすれば「キリストの受苦あるいは受難」を指す語である（中村, 1984）。ここで中村が，人間存在の根本にあると指摘する受動性は，語源的にも情動の語に近い「情念」や情動の一部である「苦痛」と繋がっていて，興味深い。なぜなら，それらは，ワロンの情動論の視野に入る問題群でもあるからである。

さて，中村の指摘を受け止めて，筆者なりに，能動と受動の相から人間を捉えるとはどういうことかをさらに考えると，それは，人間を真に関係の相において捉えるということではないかと思う。人と人，いや人とモノ

の関係においてすら，その相互的関係の内には必ず「受動」の相がある。上で述べた「見つめ合う」ことは，「見つめる」ことと「見つめられる」ことであったし，手をつなぐことは私が差し出した手が相手の手のぬくもりを感じることであると同時に，その手が相手によって強くあるいは弱く握り返されて，それが感受されることでもある。他者との間にコミュニケーションが成り立つのは，私が他者に向けて発したことばが他者によって受け取られ，私も他者が私に投げ返すことばを適切な時間差の中で受け取るからである。人が一方的に話す主体として振る舞うだけならば，その行為をコミュニケーションとは言わない。

　人とモノの場合でも，人がモノに対して一方的に（能動的に）働きかけて，モノがその作用を一方的に（受動的に）受けるという関係に止まってはいない。モノが人から作用を受ければ，モノはその物的性質に応じて，その作用に抵抗を示したり素直に従ったりする。木目を無視してのこぎりを引けば丸太は「切りにくい」性質を人に対して露にするだろう。その限りで，人はモノに対して能動的行為者としてのみあるのではなく，むしろ常にモノの反作用の受け手である。

　主体が受け手になるということは，他者からの働きかけやモノからの作用に全面的に浸食されて，主体が脅かされたり，主体たることの放棄を迫られるということではない。不幸にしてそうなってしまうとすれば，それは病理的とされる状態であろう。受け手としての主体とは，ふつうはそういう状態のことでない。受け手であるためには，能動的行為者であることと拮抗するだけの多大のエネルギーの保持が必要となる。他者の話に耳を傾けるためには，多くの注意資源を注ぎ込まなければならない。他者と向き合って他者を受けとめるためには，身体に一定の緊張を漲らせなければならない。かくして，筆者の言う能動の相と対になる受動の相とは，ワロン的用語で言えば決してinertie（脱力状態）のことではなく，外界への行為的関わりとはベクトルを異にする，外からは見えないが内には多くのエネルギーを抱え込んだ，身体全体の関与する状態のことなのである。

上記のような意味での能動の相と受動の相は，相互に欠かすことのできない主体の二つの側面なのであるが，本書では特に「受動」の語に含まれる否定的ニュアンスによって生ずる誤解を避けるために，以下では「作用主体」と「受容主体」と呼ぶことにする。

　ワロンが人間を全体的に捉えようとして新たに光を当てたのは，この「受容主体」としての側面であった。そのためにワロンが注目したのが，姿勢の機能であった。姿勢の機能に注目した発達論は，現在でも他に類を見ない。この機能は，外界と関わる機能の支えになっているにもかかわらず，その背景に隠れて前景化しないために，ずっと見過ごされてきたし，今も顧みられることが少ないからである（Martinet, 1972/1991）。もちろん，運動の背後に姿勢機能があり，両者の筋肉の状態をモニターする自己受容感覚の存在自体について語ったのはワロンが最初でなく，シェリントン（Sherington, Ch. S.）である（坂元，1991）。しかし，この機能の重要性に注目し，これを発達論として精緻に展開したのはワロンであった。特に，ワロンは姿勢の機能を情動機能との深い繋がりの中で捉えて，これを子どもの発達を見る視点の中心においた。これこそがワロンの最大の独創性であり，また同時にワロン理解の最大の困難点でもあるのである。

(3) 人間身体の三つの機能系

　ワロンは人間の身体の機能系を大きく三つに分けて考え，その中の一部に姿勢系の機能を位置づけている。浜田（1994）の整理を借りれば，その基本構図は図4-3のようになる。

　私たちは，視覚・聴覚・触覚・味覚・嗅覚の五官（総称して外受容感覚という）を用いて身体外部の情報を取り入れ，その情報を脳の中枢において解析し，その結果に基づいて運動器官を使って外界に働きかけている（①→⑥→外界→①→⑥…，この過程は当然，循環的である）。これは知覚 - 運動系の自明の機能単位であり，だからこそ主にこの流れが心理学の分析対象となってきた。さらに，身体内部には，内臓（呼吸器，循環器，

消化器など）の働きの状態をモニターする感覚（内受容感覚）器官があって，ここで得られた情報を脳の中枢に送り，そこから再び内臓器官の働きを微調整する回路がある（③→④→③→④…）[11]。あとで述べるが，この内臓系の回路が情動に最も関係していることになる。この二つの系は，人間の身体の場を分節化して捉えようとしたときには必ず視野に入ってくる，常識的なものであろう。ワロンはこの二つに加えて，運動と姿勢に関わる身体の筋肉の状態をモニターする感覚（自己受容感覚）器官と，そ

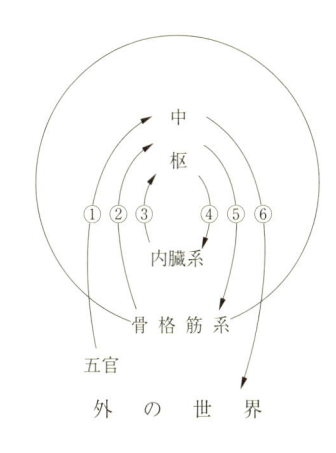

図4-3　人間の身体の三つの機能系（浜田，1994）

れによって得られた情報に基づいてそれらの筋肉自体に作用を返す骨格筋系の回路（②→⑤→②→⑤…）を考えている。

「運動と姿勢に関わる身体の筋肉」と言った場合，ワロンはその中に次のような三つの形態を区別している（Wallon, 1956/1983）。

1. 自分自身の身体や対象を移動させる能動的で自己因的な運動。

---

11) 浜田（1994）の整理では，この系は内受容（intéroceptif）- 内作用（intérofectif）系と名づけられ得るが，筆者が知る限り，ワロンは内受容感覚（sensibilité intéroceptive）という用語は頻繁に使ってはいても，内作用的活動（activité intérofective）という表現は用いていない。代わりに，生命活動の基底をなす呼吸や血液循環などの内臓活動を植物的活動（activité végétative）と呼んでおり，この用語が浜田の整理での内作用的活動に近い。ただ，ワロンは一方で，身体内活動（activité organique）という語によって，いわゆる内作用的活動とこのあとで述べる自己作用的活動（activité propriofective）の両方を包摂する意味に用いていることもあって，intéroceptifと対になるintérofectifの語を使わなかったことには，理由があったと推測される。浜田の整理は，このような意味でワロンを正確になぞったものでないかもしれないが，難解なワロンの姿勢 - 情動論を解きほぐしていく過程での整理としては，十分参考になる。なお，organiqueを浜田は"臓器的"と訳しているが，身体の外部に関わる活動や機能と区別され，これと対をなす，身体内部に関わる活動や機能の全体を指す語であると広義に理解できる場合には，本書では"身体内（的）"，あるいは単に"身体（的）"と訳し，狭い意味で内臓の活動や機能を指す場合は"内臓（的）"と訳すことにする。

2. 重力をはじめとする外力に従って生ずる受け身的で外因的な運動[12]（寝た姿勢，座位，立位など，子どもの運動発達にとって基本となる筋肉の働き）。
3. 身体部分相互の関係の調整に関わる運動（姿勢や身体全体の表現的な身振りに関わる筋肉の働き）。

1. は，足を使って外界を移動し手によって対象に働きかける文字通りの外界作用的運動で，図の①→⑥に該当することはすぐわかるであろう。ただし，この運動の様態は知覚器官によって捉えられるだけでなく，自己受容感覚によってもモニターされるから（自分の手の動きが目で見て確認できるだけでなく，目を瞑っても手の動きの状態や位置がわかるなど），実際には①→⑥→［①＋②］…といった流れがあることになる。ワロンが骨格筋系の回路として重視する筋肉の働きとは 2. と 3. であり，二つは部分的に重なり合っていると言える。また，こちらも，図4-3に示されているほど単純ではなく，②→［④＋⑤］や③→［④＋⑤］といった流れのあることを，強調しておかなければならない。例えば，赤ちゃんが無理な姿勢で抱かれたときに機嫌が悪くなって泣き出すのは，こうした回路の発動の一例だろう[13]。つまり，ワロンも指摘しているように「三種の運動形態は相互に多少とも絡み合っており，互いに条件づけあっている」（Wallon, 1956/1983）のである。

さて，三種の運動形態を支える筋はいずれも横紋筋であるが，1. の移動や対象操作に関わる本来の運動と，2. と 3. の姿勢的な反応とでは，組織学的には大きな区別はなくとも機能的には異なる筋肉の働きによって担われているとされる。横紋筋の中には，筋繊維の収縮の性質から見ると，

---

12) 参照した論文では，ワロンは「運動（mouvement）」の語を最も広義の意味で用いている。読んでわかる通り，平衡，移動，姿勢調整の三つを含む意味である。
13) この例を図4-3の回路番号で示すとすれば，その流れは次のようになる。見知らぬ他者にいつもと違う状態で抱かれたときの姿勢の状態が自己受容的に感覚され（②の回路），すぐ姿勢調整の身体の動きに繋がる（⑤の回路）と同時に，そのいつもと違う感覚が内蔵系に反響する作用を生み出し（④の回路），その内臓系の変調が感受されて（③の回路）泣きという表出（⑥の回路）に繋がっていく。

収縮は速いがすぐ疲労するタイプ（白筋）と収縮は緩慢だがほとんど疲労しないタイプ（赤筋）があり，前者が1.の本来の運動を，後者が姿勢的反応を担っていることになる（Nadel, 1981）。

ワロンは，前者のような筋の機能を間代性機能（fonction cronique ou phasique），後者を緊張性機能（function tonique ou plastique）と呼び[14]，特に後者の機能あるいはその機能によって実現されている状態を単にトーヌス（緊張）とも称している。ワロン発達論の中心に位置づくのは，まさにこのトーヌスの概念なのである。トーヌスは，本来の運動の過程でも一定の役割を果たしているが（体全体に一定水準以上の緊張がなければ，そもそも手足の動きもままならないし，逆に過緊張では運動が滞る），そうした運動とは分離して，運動を静的な姿勢に変え，次の運動への身構え（例えば，100m走のスタートラインの姿勢）や，外的な運動の静止による心的な活動の活発化（逆の例で言えば，数学の問題を解くなどの高度な心的活動に集中するためには，ある程度の静寂や運動の静止が欠かせない）に貢献している。「トーヌスは，姿勢を形作るための原資材であり，この姿勢は，一方で知覚的調節あるいは知覚的期待と結びつき，他方で情緒的生活（la vie affective）に結びついている」（Wallon, 1956/1983）のである。

(4) 姿勢と情動はどのように繋がっているか？

三つの機能系をめぐるワロンの用語法は必ずしも一貫していないし，その関係をめぐる記述も錯綜している。それゆえ，ここまでに書いてきたことも，読者にはややわかりにくいかもしれない。そこで，次のような表にまとめることによって，これまでに述べてきたことを改めて整理してみることにしたい。

表4-1の上段の運動行為とは，もちろん，知覚-運動系の，外界作用的

14）浜田（1983, 1994）はcroniqueを間代性，phasiqueを相運動性，plastiqueを自己塑型的，久保田（1965）はphasiqueを相反射的，plastiqueを静的と訳している（Wallon, 1938/1983；浜田，1994；Wallon, 1934/1965）。

表 4-1　三つの機能系の各活動タイプ別に見た筋の種類とモニター機能

活動のタイプ	筋のタイプ	モニター機能
運動行為	横紋筋（白筋） 収縮速い すぐ疲労	外受容感覚 自己受容感覚
姿勢活動	横紋筋（赤筋） 持続的 収縮緩慢	自己受容感覚
内臓活動	平滑筋 収縮緩慢 不随意的	自己受容感覚 内受容（内臓）感覚

な活動のことである。中段の姿勢活動は，骨格筋系のうち，もっぱら姿勢に関わる自己作用的活動を表す。下段の内臓活動は，当然のことながら消化器系，呼吸器系，循環器系などの身体内部の内臓器官を中心とする活動を指し，情動とは，狭義にはこの活動による身体内部の状態変化とその表出を意味する。ワロンは，このうち，わけても消化器官の活動を重視して，次のように言っている（Wallon, 1934/1965）。

「少なくとも誰にでも見られ，とても興味深いことのひとつは，消化器官が心的生活のさまざまな表出に，わけても情動に，いろいろな仕方で関係しているということである。消化器官のあれこれの緊張性の反応，分泌反応，感覚反応は，あれこれの種類の情動と結びついているだけなく，同じひとつの情動の特定の質や結果が，各個人に何より特有である消化器系の反応に依存していることがあり得るのである」（原著 p.37，邦訳 p.40）

さて，三つの行為・活動をこのように表にして比較してみると，姿勢活動が他の二つの行為・活動の橋渡し的な位置にあることがわかる。つまり，姿勢活動は，それを可能とする筋肉の組織学的タイプが横紋筋であって，運動行為と同じだが，機能的に見ると収縮が緩慢な性質を有する筋であっ

て，内臓活動と同じである。また，姿勢活動の感覚モニターは自己受容感覚であり，運動行為も内臓活動もこれを共有するが，後者の二つはさらに併せてそれぞれ固有の感覚モニターを有する。

　姿勢活動は運動行為を支え（eg. 滑らかで適応的な運動が可能となるためには，しっかりした姿勢的土台が必要である），一方で内臓活動とも響き合って互いに影響を与え合う（eg. 内臓活動の結果としての身体内の状態変化が情動であるとすると，その情動状態は姿勢的な表出となるし［例えば，不機嫌な状態は前屈みの姿勢となって表出される］，反対に，無理な姿勢的状態を強いられた乳児はむずかって泣く）。この事実は，三つの機能系の中で姿勢活動の占める特別な位置によるところが大きいことが，わかるであろう。

　先に述べたワロンのトーヌス概念は，表4-1の筋のタイプの囲み内の「収縮緩慢」な筋の働きを実体として想定し，姿勢活動や内臓活動そのもの，あるいは両者の関係理解を深めるために用いられている概念である。ワロンが特に，姿勢と情動との関係の密接性をこの概念を媒介として強調し，両者を一体的なものとして捉えた理由も，この表によって，いくらか理解できるのではないだろうか。

(5) 系統発生的に見た三つの機能系の関係

　前項で，ワロンが人間の身体の機能系を大きく三つに分けて考え，これら機能系間の関係変化として子どもの発達を見ていることを紹介してきた。しかし，この三つの機能系自体は，系統発生的に見た場合，初めから分化していたわけではない。ワロンも次のように述べている（Wallon, 1934/1965）。

　「アメーバのような生物では，体（細胞）の変形と移動とが一つになっている。……そこでは，外界との交渉の活動と姿勢の活動とは，発生的に同じ起源を有している」（原著 p.55，邦訳 p.54）

　ワロンのこの指摘を筆者なりにもう少し展開してみると，次のようにな

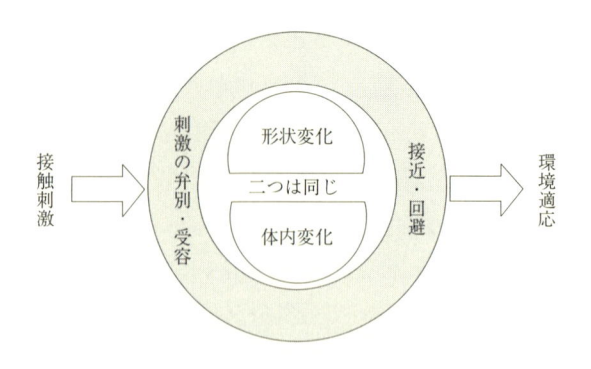

図4-4 原始生物の生命活動のシステム

[15)]
る。

　アメーバのような単細胞生物でも，外部と内部を分ける境界（＝細胞膜）があり，外部からやって来た危険刺激に対しては，生き延びるためにこれを忌避する仕組みが備わっている。例えば，粘菌のような原始生物でも，酸味のある科学物質に対しては，これを回避する反応が見られるという（都甲，2004）。このときの回避反応とは，刺激が細胞膜上の特定部位に達し，そこから内部の原形質流動が波のように全体に広がって，その結果，細胞の形状が変化して，細胞膜が酸味刺激から離れることを指す。つまり，粘菌は形を変えた結果，体表の一部が動いて危険刺激を避けたことになる。ここでは，ワロンの言うように，体の変形（姿勢）は移動と一体であると同時に，細胞内部の状態変化とも区別がない。これをわかりやすくあえて図化すれば，図4-4のようになる。

　やがて，生物の組織構造の複雑化とともに，体表面では，刺激の弁別・受容に特化した外受容感覚器官と，組織体の形状変化とは別の，外的対象への接近・回避のために特化した運動器官が分化していく。また，身体内部のほうは，その状態変化や形状変化をモニターする仕組み（内受容感覚

15）　ここから以下は，筆者の2008年の論文（加藤，2008）の内容および記述の一部を大幅に援用している。

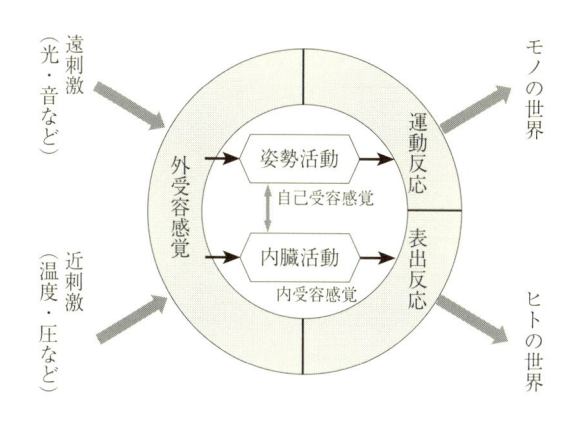

第 4 章　アンリ・ワロンの発達思想のエッセンス　129

図 4-5　表象機能発生前の人間の発達初期の生命活動のシステム

と自己受容感覚）が分化してゆく（図 4-5）。こうして生物の身体組織は，外界との交渉にあたる知覚 - 運動系（ワロン的に言えば，外受容 - 外作用系）を掌る器官群と，生命本来の維持（呼吸，血液循環，消化）と複製（生殖）を掌る内臓系の器官群（内受容 - 内作用系）とに別れていく。さらに，人間身体の三つの機能系のところでは，自己受容 - 自己作用系を上記二つと並ぶ機能系（姿勢系）として取り出したが，発生的な視点から見ても，この機能系は，上記二つの系に関わり，両者を媒介する役割を担っていることが改めてわかるであろう。

　繰り返しになるが，原始生物にあっては，体の内部の変化はそのまま体の形状の変化であった。また，その形状変化は外的刺激への反応そのものでもあった。進化した高等な生物にあっては，もちろん，このような三者の一体性がそのまま維持されるわけではない。人間のように三つの系がいったん分化してしまえば，知覚 - 運動系が外界適応の前面に浮上し，他の二つの系は背景化するのも，事実であろう。しかし，それでも筆者には，人間の身体経験の深部には，この三者の系の一体性が深く根づいて存在しているように思えてならない。特に，ふだん背景化してしまう姿勢機能と情動機能が一体となって作動する経験は，身体を有する生物としての人

間の最も原初的で，かつ最も深い経験と言えるのではないだろうか。

(6) 姿勢機能と情動機能の一体性

　筆者が生まれ育った愛知県東部では，冬の終わりから春先にかけて，「伊吹おろし」という強い北西風が吹くことがある。ある晩，いつにも増して強い風が夜中じゅう吹き荒れたことがある。木造の古い平屋の一室に寝ていた3歳か4歳だった私は，猛り狂う風の音とガラス戸が激しく揺れる音に目が覚めて，怯えて泣いた。泣きながら体を硬くして震えた。身体内部に風の音がそのまま反響し，外の木立の揺れがそのまま体の揺れとなり，それを堪えようとして布団の中で必死に体を屈めた。幼い私には，身を縮めて泣きながら親を求める以外に，外に向かって何かをなす術はなかったであろう。

　最も古層にある記憶として，そのときの感覚が今もときどき蘇る。細胞膜表面に刺激を受けて細胞内部に原形質の波動が広がっていくように，身体内部に情動の波が広がっていく。それが泣きや発汗などの表出となって身体表面に現れる。一方で，外と一体化した身体内部のその変化に対して抗う姿勢の緊張が生まれ，それが身体の構えとして，固まったり，縮まったり，うずくまったりに繋がる。そうして外界の渦に丸ごとは巻き込まれない自分が辛うじて保たれる。

　発達障がい児の運動発達の研究者であり，ワロンやメルロ＝ポンティ（Merleau-Ponty, M.）に関心を示す佐藤暁も，幼少時の似たような，それでいてまったく方向性の違う経験を語っている（佐藤，2013）。

　「（幼稚園の）ホールには，古い椅子と新しい椅子とがまぜこぜに置かれていました。新品の椅子の脚は，それはきれいな肌色でした。しばらく見ていると，その色が私の身体全体を包み込んで，うっとりしてしまうのでした。『我を忘れて』見ていた私は，このとき，文字どおり『主（我）』の座をその色に明け渡しています。あるいは，こう言ってもいいかもしれません。『釘付けになる』と」（p.109）

第4章　アンリ・ワロンの発達思想のエッセンス　131

　佐藤の古い記憶に残る経験は，筆者よりもずっと幸せな経験である。ここで起こっている事態は，次のようなことであろう。子どもは，たまたま外界のある視覚刺激（きれいな肌色）に目を向け，その色の美しさに引きつけられる。やがて，その刺激に魅入られて（文字通り"身入られて"），ついには身体が釘付けになる。"釘付けになる"とは，まさに対象への姿勢的な融即（participation）が生ずることであろう。

　このような状態と類似の事態について，ワロンは次のように述べている（Wallon, 1934/1965）。

　「あるひとつの対象だけに知覚的な調整が極端な形で行われると，主体が感覚 - 緊張的な反応によって占められてしまい，対象との一種の一体化が生じ，……ついには自己催眠状態といったものに似てくる」（原著 p.94，邦訳 p.83）

　正負の違いはあっても，私の経験にも佐藤の経験にも，外界と一体になった情動の大波が，あるいはさざ波が，身体内部に隅々まで広がっていく様が見てとれる。そして，それに伴って姿勢的緊張が惹起され，それによって，一方では情動の大波に飲み込まれようとする自我が辛うじて支えられ，他方では"釘付けになった"姿勢的緊張は，やがては内部と外部の境界もあいまいになるほどに解けて，"きれいな肌色"が「身体全体を包み込んで，うっとりする」忘我の状態へと移り変わっていく。いずれも，外界に起因する知覚刺激の効果が，運動反応からは切り離されて，身体内部に反響し，姿勢的反応を惹起していく点で共通している。

　同じような機制は，大人になってからの私たちにも絶えず経験されることではないだろうか。特に芸術的経験の多くは，このような類似の身体的 - 心的経験から成り立っていると考えられる。

　筆者の人生には，後になってから繰り返し反芻されるいくつものかけがえのない絵画の鑑賞体験が存在するが，それらは上記の幼児期の体験と同型の身体内経験の構造を有していると言っても過言ではない。その一つがムンク（Munch, E.）の「思春期」である。1970年に万博美術館で，こ

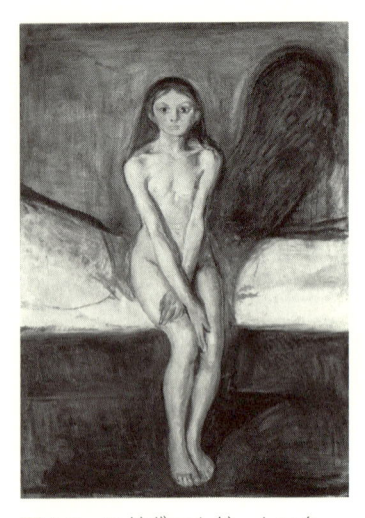

図4-6　エドヴァルド・ムンク「思春期」
（オスロ国立美術館，Photo: Bridgeman Images / DNPartcom）

の絵に筆者は初めて出会った。喧噪の中で見た絵であるにもかかわらず，そのときの身体的経験を忘れることができない。不安定で身の置き所のない毎日を過ごしていた当時の筆者の不安感情に，いきなり絵の発する何かがぴったりチューニングして，それが身体の中に瞬く間に増幅し広がっていくという体験[16]。筆者はそのとき，幼児のように絵の前で体を硬くしていただろうか。いくらかそうだったかもしれない。しかし，20歳を越えていた筆者は，身体的な構えを心的な構えに変換し，もう少し体験自体を知的に意味づけ言語化しようとしただろう。そして，それがやがてはより心的な志向性として形を変え，その後の筆者自身のムンクの絵への関心や絵画一般への嗜好の原型となって，今も残っていくことになる。

　個人的な経験を書くことになって恐縮だったが，ここで言いたいことは，ワロンの言う情動と姿勢の一体的関係，あるいはときに拮抗的となる関係が，私たち人間の生命の根幹に触れる体験として発達初期から存在し，また人間の一生を通じての基盤をなしているという事実である。こうして見

16）　このような体験は，木村（2015）の言う絵画鑑賞における「情動的リアリティ」の体験――つまり，描き手の側が仕組んだ，さまざまなイメージに基づいて構成された絵内部の要素や配置が，鑑賞者の側にそれらに呼応するイメージを喚起し，その結果，鑑賞者の側に生まれる確かな手応えのある感情――に近いとも言えるが，正確には「作品の前で身体のあちこちがびくびく引きつるような」もっと直接的な身体経験により近い（鷲田，2007a）。鷲田は次のようにも言っている。「いきなり世界以前の場所に立ったかのよう（な経験）……こんなことが起こるのも，私たちの『存在』がその始源からして『表現』と結びついているからなのだろう」。（p.217）

ると、今や"情動の人"ワロンが、情動をどのようなものとして捉えていたかが明らかとなる。

　もう一度、図4-5を見てみよう。改めて情動を定義すれば、それは、狭義には、この図の内臓活動の変化、その身体表出反応、およびそれらをモニターする感覚（内受容感覚）の働き全体のことである。つまり、情動は外界との交渉活動を掌る外受容-外作用系（感覚-運動系）とは別の系に属し、もっぱら身体内部の変化を中心とする活動に根ざす。内臓器官の働きは主として収縮と膨張からなるので緊張性の活動であり、それは養育者が抱き上げて揺すったり、寝かせたり起こしたりした場合の姿勢の変化と共に生ずる緊張性の活動と類似している。ワロンは、内臓器官の働きと姿勢の機能は見かけ上どんなに異なっていても、両者の間には類縁性と緊密性が発達の後々までも保たれていくと考える。その根拠は、既にふれているが、改めて整理すれば三つある。一つ目は、既に見たように、内臓活動と姿勢活動はもともと発生的な類縁性を有し、両者とも身体外部に向けられた運動的活動とは異なる身体内活動であるという点である。二つ目は、内臓筋と姿勢活動を支える筋肉の間には組織学的な違い（一方は平滑筋、他方は横紋筋）があるにもかかわらず、機能的な類似性（緩慢な収縮ではあるが疲労しにくい）が存在することである。この点は、姿勢を掌る筋組織が運動を掌る筋組織とその座を同じくするにもかかわらず、両者の間には筋の機能的差異性（後者は速く強い収縮が可能だが疲労しやすい）が存在することとは対照的であろう。三つ目は、内臓的活動と姿勢活動との間には容易に相互移行が生ずるという点である。この点は既に見た佐藤や筆者の幼児体験の例からも、理解できる通りである。

（7）姿勢機能の発達をめぐって

　ここまで、姿勢機能と情動機能の一体性を強調してきたが、しかし、二つは同じコインの両面なのではない。発達の過程で、それぞれが相対的な独立性を獲得していくし、それぞれが他の機能との関係を変化させていき、

次の第5章で述べる表象機能の発生のように，ある時期まで存在しなかった新しい機能の発生にそれぞれが貢献するという面もある。しかし，ここからさらに，姿勢機能と情動機能に焦点を当てつつ，これを含む人間の諸機能間の発達的関連を精緻に展開するワロンの記述とそのロジックを丹念に追って行くことは，実は容易ならざる作業であり，現在の筆者の力量をはるかに越えていると認めざるをえない。

そこで，本章の残された紙面では，姿勢機能に関連するいくつかの興味深い発達現象を紹介し，その意味を考えるにとどめ，諸機能間の発達的連関に関するワロンの議論を詳細に辿る作業（この作業こそがワロンの発達段階論の十全な理解に必要になるはずであるが）は今後の課題としたい。

さて，まず，姿勢機能が他の諸機能と比べていかに根源的かつ基本的かは，乳児の知覚・認知研究の昨今の隆盛の中では，改めて強調してもし過ぎることはないと思う。哲学者の鷲田（2007b）は次のように指摘している。

「身体はただあるのではなくて，何かに向かっていったり，伸びたり，縮んだり，こまったり，うずくまったり，歯向かったり，弛んだり，固まったり，倒れたりするものである。つまり，向きのなか，構えのなかにあるものである。そしてそういう向きのなか，構えのなかでこそ，内／外ということが生まれるのではないかとおもう」(pp.74-75)

モノを見たり音を聴いたりする知覚は，単なる感覚器官の性能いかんによってその成立が決まるわけではなく，そもそもそうしたモノや音に身体を向けるというところから始まっている点が，最近の知覚・認知発達研究の中では看過されていないだろうか。鷲田の上記の指摘は，ワロンの以下の言及と同じと言ってよいだろう（Wallon, 1938/1983）。

「子どもがモノを知覚する場合も，……モノが子どもの姿勢を引き起こすところからそもそも始まるのである。子どもは，まず自分自身の姿勢（attitudes）を通して外の現実を意識するのであり，大人ですらも，ある場面を心的に前景化しなければならなくなるときには，しばしばある姿

勢を取り続けなければならない。そうすることで、その場面をしっかり意識化できるし、また同時に自分自身をも意識化できるのである」（原著 pp.215-216, 邦訳 p.171）[17]

この点に関し、ポヴィネリ（Povinelli, D. J.）はとても面白い実験をチンパンジーとヒトの2歳半児に行っている（Povinelli, 1998/1999）。「見える‐見えない」テストと名付けられたこのテストでは、複数のカップに餌を隠す場面に立ち会った実験者2名（一方はその場面を見ることができるので、隠し場所を知っている。他方は見ることができないので、知らない）のどちらに餌を要求したらよいかを、チンパンジーあるいは子どもに判断させることが課題であった。実験者2名は、それぞれ違う姿勢あるいは違う条件で、場面に臨んでいる。例えば、「正面を向いている‐後ろを向いている」、2人とも前を向いているが「一方は耳を塞ぐ格好をしており、他方は目隠しをしている」等。そうすると、興味深いことに、チンパンジーは正面向きと後ろ向きの実験者に対しては、正面向きの実験者に餌を求める反応を行うことができたが、耳塞ぎか目隠しかの場合にはどちらにもランダムにしか反応できなかった。さらに興味深いことに、2人の実験者とも後ろ向きだが、片方の実験者だけは肩越しに振り返ってカップを見ていた場合でも、両者への反応はランダムにしか生じなかった。つまり、チンパンジーの場合は、視線が対象に向かっているか否かが重要でなく、対象に対する身体の正面性こそが対象についての他者の知覚とその結果としての知識の取得の判断基準になっていたことがわかる。ヒトの2歳半児では、

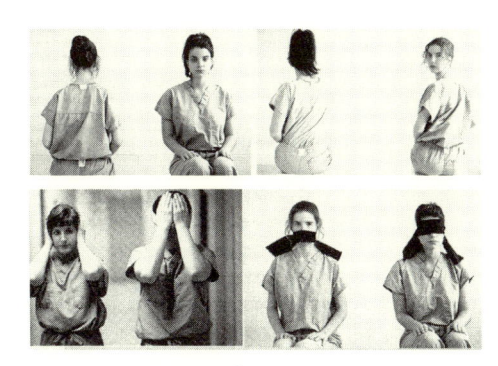

図4-7 Povinelli の「見える‐見えない」テストで用いられた姿勢条件（ポビネリ（1999）より）

---
17) 本文中の訳は、浜田訳と変えてある。

このようなことは認められず，他者は「見ていたなら，知っている」ことを理解できていた。

　この結果は，一見，ヒトの子どもと異なってチンパンジーでは，視線の方向性や相互交換が取り立てて重要ではなく，姿勢の正面性だけがきわめて大きな認知的意味を持つことを表しているように見える。しかし，チンパンジーが他個体の認知状態を，後ろ向きか前向きかによってしか知る手掛かりにできないのは，まさに姿勢の恒常的な正面性が一般的な他個体との交渉の主要モードでないがゆえに，このモード内での姿勢の認知的意味の分化や，目の有するコミュニケーション的機能が，十分に成立しないことを物語っているものと思われる。翻って，ヒトでは誕生の初めから，身体の正面性の向き合いが乳児と養育者の主要関係モードであることから，このモード内での視線の交換や顔の表現性への注目が容易に進展するのではないだろうか。こうした向き合う姿勢の維持には，それぞれの項（乳児と養育者）に一定のトーヌス（緊張）の保持とその相互調整が必要である。また，対象的活動を主とする「作用主体」だけでなく，他者や外界のモノの働きかけを受け止める「受容主体」としての側面が，乳児の側にも発達していかねばならない。これこそが，人間に固有の，やがては表象的世界やことばの世界につながっていく，発達初期に必須の条件であると思われる。[18]

　こうした条件を準備する姿勢機能の発達にとって重要な現象が，生後半年前後から二つ観察される。一つは，ワロン（Wallon, 1934/1965）が「対峙の感覚と反応（sensibilité et réaction de prestance）」と呼んだ現象，もう一つは「飛行機」と称される現象である。

　前者の例として，麻生（1992）の観察を引用することにしよう。麻生によると，「生後5カ月目，（彼の子ども）Nは人をよく"見つめる"よ

---

[18] 浦崎（2014）は，このような姿勢機能の「作用主体」的側面と「受容主体」的側面（浦崎らの用語では「向かう力」と「受け止める力」）の両面に注目した自閉症スペクトラム障がい児への支援方法のあり方を追究しているが，その試みは筆者の視点と重なる。

第 4 章 アンリ・ワロンの発達思想のエッセンス 137

うになり，それと同時に"見つめられる"ことに敏感に」なるが，その反面，「じっと見つめていると視線を避けたり，顔を近づけすぎると泣きかけたりすることも多くなった」という（p.166）。人見知りは，それより前，4 カ月半ばに現れ，「(知らない人に) N は少し眉を八の字にして生真面目な表情になり，発生や身動きや微笑がなくなり緊張気味で」あった（同，p.149）。こうしたときの緊張こそ，ワロンの言う「対峙の感覚と反応」である。ワロンは，この反応は原始的なもの（primitif）だと言っている。というのも，全身を緊張させジッと静止して獲物を狙っている動物の姿勢の場合も，これと同型の対峙の反応と考えることができそうだからである。しかし，動物の場合，この緊張状態は，次の瞬間には一挙に襲いかかったり走り出したりする激しい運動へと解消される。そこでは，姿勢と運動は一時的に分離しているだけであって，対峙の反応も，もともとは緊密な姿勢 - 運動連鎖の束の間の一部に過ぎない。しかし，人見知りの場合に見られる対峙の反応は，これとは違う。確かに，人見知りの対象となった人がさらに近づいたりすると，赤ちゃんは泣き出してしまったりして，その姿勢的緊張を情動的な泣きの表出へと転化して解消することになるので，この対峙の反応も初めは一時的なものに過ぎないと考えることもできよう。しかし，ここで見られる反応は，やがて 9 カ月を過ぎてヒトに対してもモノに対してもふつうに見られる，運動からははっきりと分離した持続的な姿勢中心の「見つめる」反応へと繋がっていくように思われる[19]。そして，ちょうどその頃から共同注意が可能となり，さらにしばら

---

[19] 姿勢 - 運動機能が未熟な生後 2 ～ 3 カ月頃に，仰向けの状態や抱かれた状態で，対象を比較的長くじっと見る時期がある。これも，姿勢や運動に対する「見つめる」ことの優位と言えるが，9 カ月以降に現れる「見つめる」とは意味がまったく異なる。姿勢 - 運動機能の発達によって，4 ～ 5 カ月以降，身体を移動し手を使う対象操作の活動が活発になる。このように，モノを「とるために見る」ようになった乳児が，さらに，「見るためにとる」あるいは「とらないでじっと見る」ようになるのが，9 カ月以降である。身体を緊張させて対象に向き合う姿勢を自ら取り，「行かないで対象をじっと見る」ことができるようになったとき，静観的な認識活動が本格的に始まり，それが表象機能の成立に繋がるのである。この一連の経過を，豊富な事例と優れた理論的考察によって示した研究として，やまだ（1987）がある。

くして，指さしが始まることは偶然ではない。なぜなら，共同注意は，モノを直接操作しないで，モノに距離をおいてまなざしで関わる姿勢的反応＝「見つめる反応」が，他者との間で共有されることであるし，指さしは，その姿勢共有を土台として初めて芽生えた記号的関係，つまりは，「意味するものと意味されるもの」の関係の相互了解だからである。

　姿勢が運動から分離するといっても，それはもちろん，二つが決定的に切り離されてしまうことではない。運動が常に姿勢の下支えを必要とすることに変わりはない。しかし，ときに，二つを自在に切り離しては組み合わせることができるようになったとき，他の動物にはない，まったく新しい人間的な機能が誕生する。それが表象機能である。表象機能の発生問題は次の第5章で詳しく論ずることにするので，ここでは最後に，姿勢と運動との切り離しに関わるもう一つの発達的現象である「飛行機」の姿勢について見てみよう。

　山上（2011a）は，17人の乳児の姿勢運動発達を9カ月に渡って縦断的に観察し，全ての乳児に各時期の姿勢運動発達の課題に繋がる，特定の姿勢を繰り返し保持しては休憩する循環的活動が見出されたことを，報告している。中でも山上は，生後4カ月から7カ月ぐらいの間に見られる「飛行機」の姿勢に注目している。この姿勢は，「腹部を支点として首から胸を上げ，上肢を飛行機の翼のように左右に開いて伸ばし，下肢を持ち上げて進展する姿勢」（山上，2011b）であり（図4-8），首がすわって寝返りができるようになり，うつ伏せの姿勢で過ごすことが多くなった時期に頻出する。寝返りは，姿勢を変えることが移動でもある，姿勢と運動が一体となっ

図4-8 「飛行機」の姿勢
（6カ月2日）

うつ伏せの姿勢で，両腕を広げ足を上げて，腹の部分だけを接地して，飛行機の姿勢をよくとる。浮遊感があって快の印象が得られるからか。首から背中にかけての筋肉の発達が前提としてあり，機能行使の法則に当てはまる姿勢なのかもしれない。（筆者撮影，瀬野由衣氏の協力による）

た身体の状態変化であるが，山上はそこから次第に姿勢と運動とが分化していく過程に現れる現象として「飛行機」を捉えている点が，興味深い。

　山上の行ったKという赤ちゃんの観察によると，「飛行機」の姿勢は，初期には胸上げ姿勢との交代や方向転換活動との併存，ずり這い移動や後の四つ這い移動との交替と組み合わされて発現し，生後5カ月頃からは，おもちゃを振りながらの「飛行機」姿勢も見られるようになる。この頃までは，まだ「飛行機」姿勢は運動からははっきり分離していない。しかし，5カ月後半からは，興味ある対象を見つけたときの情動興奮や対人情動反応として，この姿勢がしばしば現れるようになるという。「飛行機」は，腕を広げて上体を目一杯浮くほどに持ち上げる緊張性の姿勢反応であることを考えると，移動や対象的活動からは分離して，驚きや喜びの情動反応がこうした緊張性の姿勢反応となって表出されていくという事実は，まさにワロンの情動と姿勢の関係に関する指摘そのものと言えよう。やがて，さらに生後6カ月後半になると，飛行機の姿勢と移動運動，飛行機の姿勢と感覚運動的な対象的活動が交替して現れるようになる。姿勢と運動とがはっきり分離した中で現れるこのような「飛行機」の姿勢は，山上も言うように「奇妙」と言えよう。なぜなら，興味を惹かれる対象に向かっている移動中や，その対象と行為的に関わっている最中に，わざわざその移動や活動を中断して，この姿勢がとられるからである。対象的活動だけに焦点化して子どもの行動を見ていれば，確かにこの姿勢は，課題達成には何の意味もない活動に見える。それどころか，妨害的な活動とすら見える。しかし，筆者の観察でも，このときの子どもは何とも嬉しそうに，誇らしく，この姿勢に熱中するのである。

　このような対象的活動と「飛行機」姿勢の交替現象は，矢野（2014）によっても指摘されている。矢野は，ウェルナーとカプラン（Werner & Kaplan, 1963）を参照して，表象機能の誕生には，モノが行為の対象でなく静観対象となっていく過程の先行が必要であり，そのためには，運動と姿勢とが分離して，静止した姿勢が成立しなければならないが，この時期

の「飛行機」の姿勢は，この分離を象徴する重要な発達現象であると見なしている．実際，この現象が出現する6〜7カ月のすぐ後の9カ月前後には，共同注意や指さしが始まることを見ても，この時期の「飛行機」の姿勢が表象機能の出現に対して持つ発達的意味は，対峙の反応と共に，もっと注目されてよいのではないかと思われる．

　第5章で論ずるように，表象機能は対象的行為が直接に内化することによって生まれるのではなく，主体が姿勢機能を介して対象から自らを引き離す（détacher）ことによって，初めて可能になるとワロンは考えている．そして，そのロジックは，ウェルナーとカプランの「主体と対象との距離化」，対象の「静観対象化」という考え方と一部重なっているのだが，ただ，ウェルナーとカプランには，距離化にとっての決定的な契機を姿勢機能に求めるワロンのような視点はない．そのため，結局，ウェルナーとカプランの距離化の概念は，日常の使用法を踏まえた比喩的概念の域を出ず，実証研究の中で用いられる記述概念や説明概念として十分に練り上げられないまま，今日に至っている．それに対して，ワロンの姿勢機能に注目した表象機能の出現に関するアイデアは，上記で一部示唆したように，具体的な子どもの発達の姿の中にその出現の軌跡を辿るための理論的展望を与えてくれているように思われる．

　そこで，次の第5章では，ワロンの表象発生論について論ずることにする．

引用文献

麻生武（1992）身ぶりからことばへ——赤ちゃんにみる私たちの起源．東京：新曜社．
Curtius, E. R.（1930）*Die französische Kultur*. Anstalt: Deutsche Verlags.（クルツィウス，E. R.（1977）フランス文化論．（大野俊一 訳）東京：みすず書房）
Debesse, M.（1970）L'enfance dans l'histoire de la psychologie. Gratiot-Alphandéry, H. & Zazzo, R.（Éds.）, *Traité de psychologie de l'enfant I*.（pp.5-77）Paris: P.U.F.
エリコニン，デ・ベ（1972）精神発達段階の新しい仮説．（柴田義松 訳）現代教育

科学，**171**，113-131．
浜田寿美男（1994）ピアジェとワロン．京都：ミネルヴァ書房．
浜田寿美男・山口俊郎（1984）子どもの生活世界のはじまり．京都：ミネルヴァ書房．
堀尾輝久（1979）世界の教育運動と子ども観・発達観．岩波講座 子どもの発達と教育2：子ども観と発達思想の展開．（pp.299-359）東京：岩波書店．
金田利子（1979）発達過程と生活構造（1）．静岡大学教育学部研究報告（人文・社会科学編），**30**，45-60．
加藤義信（2008）発生的視点からみた情動と認知の関係──アンリ・ワロンの発達思想を手がかりに考える．現代とエスプリ，**494**，147-157．
加藤義信（2011）"有能な"乳児という神話．木下孝司・加用文男・加藤義信（編）子どもの心的世界のゆらぎと発達．（pp.1-33）京都：ミネルヴァ書房．
加藤義信・日下正一・足立自朗・亀谷和史（1996）ピアジェ×ワロン論争．京都：ミネルヴァ書房．
木村美奈子（2015）描画におけるリアリティとは何か．心理科学，**36**(1)，29-39．
河野哲也（2014）境界の現象学──始原の海から流体の存在論へ．東京：筑摩書房．
Martinet, M.（1972）*Théorie des émotions: Introduction à l'oeuvre d'Henri Wallon*. Paris: Éditions Aubier Montaigne.（マルチネ，M.（1991）情動の理論──アンリ・ワロン入門．（山本政人・村越邦男 訳）東京：白石書店）
Meins, E., Fernyhough, C., Wainwright, R., Das Gupta, M., Fradley, E., & Tuckey, M.（2002）Maternal mind-mindedness and attachment security as predictors of theory of mind understanding. *Child Development*, **73**, 1715-1726.
Meljac, C.（2000）Portrait du savant en professeur parisien: Piaget à la Sorbonne (Paris, 1952-1963). O. houdé et C. Meljac (Éds.), *L'esprit piagétien: Hommage international à Jean Piaget*. (pp.39-52) Paris: P.U.F.
Nadel, J.（1981）Développement psychomoteur. Hurtig, M. & Rondal, J.-A. (Éds.), *Introduction à la psychologie de l'enfant 1*. (pp.225-270) Bruxelles: Pierre Mardaga.
中村和夫（2014）ヴィゴーツキー理論の神髄──なぜ文化-歴史理論なのか．東京：福村出版．
中村雄二郎（1984）術語集──気になることば．東京：岩波書店．
中村雄二郎（1992）臨床の知とは何か．東京：岩波書店．
Povinelli, D. J.（1998）Can animals empathize? *Scientific American Presents: Exploring Intelligence*, **9**(4): **67**, 72-75.（ポビネリ，D. J.（1999）論争：動物は共感できるか？：おそらくできないだろう．サイエンティフィック・アメリカン（編）別冊

日経サイエンス 128：知能のミステリー．84-89．東京：日経サイエンス）

坂元忠芳（1991）ワロン『子どもの性格の諸起源』を読む：研究ノート（4）．東京都立大学人文学報・教育学，**26**，101-131．

佐藤暁（2013）障がいのある子の保育・教育のための教養講座，第6回身体上の主客関係．発達，**136**，103-110．

Tap, P.（1983）Affectivité et socialization de l'enfant selon Piaget. L. Not（Éd.）*Perspectives piagétiennes*.（pp.47-64）Toulouse: Éditions Privat.

都甲潔（2004）感性の起源．東京：中央公論社．

篠原郁子（2013）心を紡ぐ心――親による乳児の心の想像と心を理解する子どもの発達．京都：ナカニシヤ出版．

杉下文子（1995）新教育運動におけるアンリ・ワロン．（慶応義塾大学）社会学研究科紀要，**42**，27-33．

田中克彦（1981）ことばと国家．東京：岩波書店．

浦崎武・武田喜乃恵・瀬底正栄・崎濱朋子・金城明美・大城麻紀子・久志峰之・本間七瀬・運道恵里子（2014）自閉症スペクトラム障害児・者の他者への〈向かう力〉と〈受け止める力〉の相互作用――TSGを通した〈能動-受動〉の相互作用に関する支援教育論的検討．琉球大学教育学部発達支援教育実践センター紀要，**5**，1-10．

Wallon, H.（1934）*Les origines du caractère chez l'enfant*. Paris: P.U.F.（ワロン，H.（1965）児童における性格の起源（久保田正人 訳）東京：明治図書）

Wallon, H.（1938）Les début de la sociabilité. Rapport affectifs: les émotions. *La vie mentale. VIII de L'encyclopédie française*. In É. Jalley（Éd.）(1982) Wallon: *La vie mentale*（pp.201-223）. Paris: Édition sociale.（ワロン，H.（1983）情意的関係――情動について．ワロン/身体・自我・社会．（浜田寿美男 訳編）pp.149-182．京都：ミネルヴァ書房）

Wallon, H.（1941）*L'évolution psychologique de l'enfant*. Paris: Armand Colin.（ワロン，H.（1982）子どもの精神的発達（竹内良知 訳）東京：人文書院）

Wallon, H.（1942）*De l'acte à la pensée: Essai de psychologie comparée*. Paris: Flammarion.（ワロン，H.（1962）認識過程の心理学．（滝沢武久 訳）東京：大月書店）

Wallon, H.（1956）Importance du movement dans le développement psychologique de l'enfant. rééd. in *Enfance*, 1959, **3-4** mai-octobre, 235-247.（ワロン，H.（1983）子どもの精神発達における運動の重要性．ワロン/身体・自我・社会（浜田寿美

男 訳編）pp.138-148. 京都：ミネルヴァ書房）
Wallon, H.（1958）Introduction à l'Émile. in *J.-J. Rousseau, Émile ou de l'Éducation*. Paris: Éditions sociales. 7-60 ; rééd. in *Enfance*, 1968, **1-2**, 53-89.
鷲田清一（2007a）夢のもつれ．東京：角川書店．
鷲田清一（2007b）感覚の幽<ruby>い<rt>くら</rt></ruby>風景．東京：紀伊国屋書店．
Werner, H. & Kaplan, B.（1963）*Symbol formation: An organismic-developmental approach to language and the expression of thought*. New York: John Wiley & Sons Inc.（ウェルナー／カプラン（1974）シンボルの形成．（柿崎祐一 監訳）京都：ミネルヴァ書房）
やまだようこ（1987）ことばの前のことば．東京：新曜社．
山上雅子（2011a）からだとこころと象徴機能：その1―姿勢の循環活動．発達, **126**, 113-118.
山上雅子（2011b）からだとこころと象徴機能：その2―飛行機の姿勢の循環活動．発達, **127**, 113-118.
矢野のり子（2014）乳児における姿勢運動発達と言語発達――飛行機ポーズの検証．神戸山手大学紀要, **16**, 37-48.
Zazzo, R.（1975）*Psychologie et Marxisme: La vie et l'oeuvre d'Henri Wallon*. Paris : Éditions Denoël/Gonthier.（ザゾ, R.（1978）心理学とマルクス主義――アンリ・ワロンの生涯と業績（波多野完治・真田孝昭 訳）東京：大月書店）

コラム4　ワロンとその教え子たち（1）：ルネ・ザゾ

René Zazzo

『子ども期（Enfance）』の特集号（1996年）表紙のザゾ

　ワロンには，たくさんの教え子たちがいた。1962年にワロンが亡くなって以後，その教え子たちは，ゆるい同志的連帯感で結ばれていたが，しかし，けっして「ワロン学派（école wallonienne）」を作ることはなかった。彼らはそれぞれが独立の研究者として，ひとかどの仕事をし，その生を終えているが，ルネ・ザゾ[1]（1910-1995）はその中でも出色の一人である。彼は，自らがワロニアンと呼ばれることを好まなかった。「私がワロンと共有するただ一つのこと，それは私がワロニアンでないということだ」と，いかにもフランス人らしい逆説的な言辞を好んだという（Nadel, 1987）。その真意は，ワロンの発達思想は閉ざされた体系でなく，その視点を発達科学へと練り上げていく仕事こそ，自らに課せられているとの自覚にあったのであろう。

　ザゾがワロンと出会ったのは，1930年代初めのことである。1933年春，ソルボンヌの奨学生試験に合格して外国留学のチャンスを掴んだザゾは，当初，ウィーンのフロイトのところに行く計画を立てた。ところが，同じ年の2月にドイツではヒトラーが政権を奪取し，オーストリアも政情不安となったため，ワロンに相談したところ，アメリカのゲゼルのところへ行くことを

---
1) ザゾの人と業績については，加藤（1996）による詳しい紹介がある。

勧められた。精神分析家ザゾでなく，児童心理学者ザゾが誕生する出発点のいきさつには，このような事情があった（Zazzo, 1992）。

留学から帰って3年後，1937年にはワロンの創設した児童心理生物学研究所の助手のポストにつき，以後，第2次大戦中は，ナチス占領下のパリでワロンと共に反ナチ抵抗運動に参加した。大戦後は，ワロンの後を継いで研究所の所長となり，1960年代後半以後は，退職する1980年までパリ第10大学教授を兼務して，多くの心理学者を育てた。

ザゾがワロンの精神を受け継いで行った研究には，三つの柱がある。

まず第一の柱は，知的障がいや学習障がいなどの発達障がいに関する研究である。知能テストや発達テストで同じ成績となる障がい児であっても，生育歴や脳の疾患部位の違いによってどのような発達の実相に違いが生まれるかに焦点をあてた論文を数多く発表している。ザゾも，ワロンと同様，現象どうしの類似性よりもその差異に徹底的にこだわる心理学者であった。

第二の柱は，双生児研究で，上記のこだわりが最もユニークな研究内容に結実した例である（Zazzo, 1984, 1986）。双生児研究と言えば，そのパイオニアであったイギリスのゴールトン（Galton, F.）以来，人間の発達を規定する遺伝的要因と環境的要因の程度を明らかにするために行われる研究を指すのが常識であった。つまり，遺伝的要因がまったく同一の一卵性双生児と，そうではない二卵性双生児のそれぞれの対偶の類似性を比較することによって，こうした要因の重みを確定することが，双生児研究の目的であった。ここでは，「双生児どうしはどれだけ似ているか」に関心が集中している。しかし，ザゾはまったく違った視点から，双生児を見る。「同一の遺伝子をもち似ているはずの一卵性双生児が，いかにして異なる人格へと発達して行くか」，これがザゾの双生児研究の関心事であった。双生児どうしの相互作用のあり

方がそれぞれの個性化にどのように繋がっていくかという問題こそが，人間の個性化の起源とプロセスを照らし出すと，ザゾは考えた。双生児には言語発達に遅れが見られる場合の多いこと，二人の間でのみ了解可能な「隠された言語」が成立する場合のあることを発見し，そこからザゾはさらに，双生児二人の間での役割分化や関係の非対称性の形成過程の分析へと進んでいった。双生児こそ，人間どうしを互いに似た者へと向かわせる力と，違った者へと向かわせる力がせめぎ合う関係の場に最も劇的に置かれた存在であり，その関係の場は程度の違いはあっても，社会的であることを運命づけられた全ての人間の条件でもある。長年にわたる双生児研究をまとめた晩年の著書の中で，ザゾはこのことを雄弁に語っている。

　第三の柱は，鏡像の自己認知の発達研究，すなわち，「子どもは，鏡に映った自分を見ていつから自分とわかるようになるか」についての研究である（Zazzo, 1993/1999）。この研究は，問題意識としてはワロンの精神を引き継ぎつつ，現象的事実の確定に関してはワロンの主張に逆らって進められた研究として，興味深い。

　私たち大人は，鏡に映った自分の顔を見て自分だと容易にわかる。そのことを私たちは，自分の顔のイメージがあるのは当然で，そのイメージと鏡像とを照合する認知プロセスによって，鏡像の自己認知が成立すると思い込んでいないだろうか。実はそれは話が転倒している。誰も自分の顔を直接に裸眼で見ることはできないという，当たり前の事実を思い出してみよう。だとすれば，子どもが初めて鏡と出会うときには，自分の視覚的イメージなど存在するはずもない。むしろ，何度も鏡に映った像と出会う中で，子どもはいつからか「あれは自分に違いない」と発見するのである。目の前の鏡像が，他者視点から見た自己の視覚的イメージとなって子ども自身に取り入れられ

コラム4　ワロンとその教え子たち (1)

定着するのは，その後のことである．そうすると，発達的にはいつ頃からそのような「鏡像＝自分」の発見が可能となるのだろうか．

　ワロンは，彼に先立つダーウィン (Darwin, C.) やプライヤー (Preyer, W. T.) の指摘を踏襲して，鏡像の自己認知はかなり早い時期（遅くとも1歳前後）に成立すると考えていた．これが当時の通説でもあった．ところがザゾは，この通説とあまりにかけ離れた観察事例

ザゾの鏡の実験のイラストとして描かれた漫画（ザゾ (1999) より引用）

に遭遇して，驚いてしまう．息子のジャン＝ファビアンが2歳1カ月のとき，彼の鏡像を指して「これは誰？」と質問してみたところ，息子は答えることができないばかりか，鏡を見るのを嫌がる反応（忌避反応）を執拗に示したのである．「2歳を過ぎても鏡の自分がわからないなんて！　息子は知的障がい児では？」とさえ疑ったザゾのショックは大きかった (Zazzo, 1948)．

　この事例観察から25年以上が経ち，研究者人生の晩年を迎えつつあったザゾは再び，鏡像自己認知研究に本格的に取り組むことになる．1973年のことである．ちょうどその3年前に，ギャラップ (Gallup, G. G.) がチンパンジーを被験体とする鏡像自己認知実験にマークテスト[2]と称する新しい手法を導入して，チンパンジーにも鏡像の自己認知が可能とする報告の出たこと

---

[2]　動物あるいは対象児の顔に，気づかれないようルージュやマークを付けて，その後に鏡の前に立たせたとき，鏡に向かう反応ではなく自分の顔のマーク部分に向かう反応が出るかどうかを調べるテスト．後者の反応が見られれば，自己認知が成立しているとみなす．

(Gallup, 1970) が，大いに刺激になったのであろう。ザゾの実験デザインのロジックは，次のように卓抜なものであった。

　一卵性双生児の子どもをガラスを挟んで対面させた場合と，そのそれぞれを一人で鏡の前に立たせた場合の反応を比較してみる。その両者に反応の違いが生ずるのはいつからだろうか。一卵性双生児どうしであれば，子どもはガラス条件も鏡条件も視覚像としては同じ姿を目にすることになる。しかし，前者の条件では自己の運動とガラスの向こうの相手の運動との間に随伴性はない。ところが，鏡条件の場合，両者の間には時間差のまったくない随伴性（つまり，瞬時の同型の反応の発生）が見られる。この違いに，子どもはいつ頃から気づくのだろうか。その気づきとマークテストに通過できる月齢は同じだろうか，違うだろうか。

　結果は興味深いものだった。条件による反応の違いは10カ月の乳児にも現れた。つまり，この月齢で既に乳児は，鏡像が他者の場合と異なる運動の随伴性を示すことに気づいているらしい。ところが，この気づきがそのまま鏡像を自己として認知することに繋がるわけではなく，自己認知の指標となるマークテストの通過は，なんとその気づきから1年近くも経った2歳近くになってからであることが明らかとなった。それだけでなく，ザゾはさらに，この二つの達成の時間的ずれの謎を解く興味深い反応が表れることに注目する。1歳半前後から子どもが鏡を見ることを嫌がる反応（忌避反応）である。いったいこの反応の意味は何なのか。ザゾは次のように考えた。

　自己の運動に対して正確に同じ運動を返してくれる存在（鏡像）は，もはやふつうの他者ではない。なぜなら，鏡像を除いてはけっしてこのような"他者"に出会うことはないからである。子どもにとって自己鏡像は，ある時期から「何か違う奇妙な他者」として認知される。そして次第に，「他の誰とも

違う，世界にただ一人の奇妙な他者」と感じられるようになる。このように，自己鏡像が何とも気味の悪い存在となって立ち現れるようになった結果，子どもは次第に鏡を忌避するようになっていく。しかし，他者であれば誰もが自分に対して共有している性質（時間差をもって同じ反応を返したり，能動と受動の役割を交代させた相補的な反応を返したりする性質）をけっして持たない他者とは何だろうか。他ならぬその極限の他者こそが「私」であるという発見，このパラドックスこそが，鏡像自己認知の秘密なのだ，とザゾは考えた。

　鏡像自己認知は，鏡像に自分の名を割り当てられるようになる単なる学習ではなく，他者と自己との境界の発見であり，自己意識の誕生の始まりを告げる重要な発達現象であることを明らかにした点で，ザゾの研究は意味深い。

引用文献
Gallup, G. G. (1970) Chimpanzees: Self-recognition. *Science*, **167**, 86-87.
加藤義信（1996）ザゾとフランス学派——発達のパラドックスへの接近．浜田寿美男（編）発達の理論——明日への系譜．(pp.95-113) 別冊発達．20．京都：ミネルヴァ書房．
Nadel, J. (1987) Zazzo et Wallon. *Bulletin de Psychologie*, no.381, tome XL, 697-702.
Zazzo, R. (1948) Images du corps et conscience de moi. *Enfance*, **1**, 29-43.
Zazzo, R. (1984) *Le paradoxe des jumeaux*. Paris: Stock/Laurence Pernoud.
Zazzo, R. (1986) *Les jumeaux: le couple et la personne. 2ème édition*. Paris: P.U.F.
Zazzo, R. (1992) Autobiographie de René Zazzo. In Parot, F. & Richelle, M. (Éds.) *Psychologues de langue française*: autobiographies. (pp.51-77). Paris: P.U.F.
Zazzo, R. (1993) *Reflets de miroir et autres doubles*. Paris: P.U.F.（ザゾ，R. (1999) 鏡の心理学——自己像の発達（加藤義信 訳）京都：ミネルヴァ書房）

第 5 章

アンリ・ワロンの表象発生論

　進化の長い歴史の中で，人間を他の動物から決定的に分かつ契機となったのは，表象機能の発生である。近年，それがどのようにして生まれたかを問う議論が認知科学の領域で盛んに行われるようになった（Deacon, 1997/1999; Gärdenfors, 2003/2005; Gómez, 2004/2005; Greenspan & Shanker, 2004; Mithen, 1996/1998）。しかし，進化史における発生の問いは，そのまま個体発生レベルの問いと直結するわけではない。むしろ，人間の個体発達の過程において表象機能がいつから生まれるか，という問いの立て方は，近年かえって後退したようにすら感じられる。よく知られているように，発達心理学では既に四半世紀前から乳児研究の画期的進展があり，「有能な乳児」という言説は今やすっかり我々の時代の「常識」となった。物理的世界についての基本概念や表象は発達早期から乳児に備わっているとする実験的証拠が蓄積され，その結果，表象的なものがはじめから存在するのであれば，その発生を問うこと自体が偽問題であるかのように受け取られるようになったのも，不思議ではない。

　本章では，現代の認知科学や発達心理学のこのような動向を念頭におきつつ，アンリ・ワロンが表象発生問題をどのように捉えていたかについて見る。彼の表象発生についての考え方は，他に類を見ないまったく独特なものであり，これからの発達心理学研究にその視点を活かしていく方途を探る。

　そのために，まず，ワロン的視点の意義を浮き彫りにするための前提作業として，発達早期から表象の存在を仮定する近年の乳児研究を批判的に検討する。続いて，「表象」と名指される心的機能の意味を明確にした上

で,「個体発生において表象はある時期から生まれる」とする視点からの研究の必要性を主張する。さらに,それに資すると筆者が考えるワロンの表象発生論の主要な内容を 10 の命題に整理して提示し,その内容は現在においても新しい研究方向への豊かな可能性を孕んでいることを示す。

1. 乳児の認知発達研究の進展と表象発生問題

(1)「表象」は本当に初めからあるか？

「表象機能はいつ,どのように芽生えるか」と問うことは,既にして一つの立場の表明である。「発達のきわめて早期から既に表象的なものの存在が認められる」とする立場からすれば,この問いはナンセンスな問いでしかない。冒頭でも触れたように,最近の発達心理学では,明らかに後者の立場が優勢を占めるようになっている。ファンツ（Fantz, R. L.）の研究（Fantz, 1964）に始まる 1960 年代後半から 1980 年代前半の乳児研究は,高い知覚弁別能力が早期から赤ちゃんに備わっていることを明らかにしたが,1980 年代後半からはさらに進んで,スペルキ（Spelke, E. S.）やベラージョン（Baillargeon, R.）らが,出来事の因果や物理的事象の認知についても乳児は非常に早くから優れた能力を発揮できると主張するようになった。例えば,スペルキ（Spelke, 1988, 1994）は,誕生後数カ月の乳児でも物理的対象の認知を制約する核となる"概念"を有しているし,ある種の因果性の原理を理解できるとしている。彼女たちに代表されるような乳児研究の多くは,選好注視法や馴化 - 脱馴化法によって得られた結果の説明に,概念（concept）,表象（representation）,理論（theories）,推論（inference）,信念（beliefs）といった心的用語（mentalistic terms）を用いることに躊躇しない（Haith & Benson, 1998）。つまり,実験で実際に観察される事実は,注視時間の偏りや,注視時間の低下後の回復でしかないが,その背後には,大人の心の働きを語るときに用いるのと同じ語で記述可能な心的世界が発達初期の乳児にも何らかの形で存在すると,確

信されているのである。しかし，こうした乳児研究の提供する華々しい実験結果が疑いようのないものであるとしても，果たしてその説明部分の「確信」は正しいのだろうか。

　スペルキやベラージョンの名前に代表されるような，1980年代半ば以降に発展した乳児の認知発達研究の多くは，もともとピアジェの感覚運動的行為の観察に基づく課題を，視覚的注意に焦点化した課題に翻案することによって，行為的には観察されない現象が視覚的には観察されるということを示そうとしたものであった。例えば，ピアジェの対象の永続性課題では，おもちゃが布やスクリーンで隠されると9カ月以前の子どもは手による探索行為をやめてしまう。しかし，前方の離れた場所で対象が消失したり現れたりする出来事，それも物理的に可能な出来事と不可能な出来事を見せた場合には，乳児は早くから対象の永続性を理解し，かつある種の基本的な物理的法則も理解できていると思われる視覚的な反応を示すことが明らかとなった[1] (Bremner, 1994/1999; Goswami, 1998/2003)。そうした先駆的研究としてあまりにも有名なのは，ベラージョン (Baillargeon, 1986) の研究である。彼女は，坂を下ってきたおもちゃの車が衝立の後ろに隠れて現れる事象を何度も見せた後（馴化事象），今度は軌道上に妨害物があることを示した上でそれを衝立で隠し，トリックによってなお依然として車が衝立の後ろを通過してしまう事象（脱馴化事象）を見せたら，乳児はどう反応するか，を調べた。ベラージョンはこの実験を報告した論文タイトルを『隠された対象の存在と位置を表象する：6カ月と8カ月の乳児の対象の永続性』とし，あえて「representing（表象する）」という語を用いている。取り上げた現象がまさに「対象の不在」であるがゆえ

---

1) ピアジェの対象の永続性課題を視覚認知課題に翻案した実験的研究を最初に行ったのは，バウアー (Bower, 1977/1980) である。ただ，彼の一連の実験は追試によって肯定的な結果が得られていないものも多く，対象の永続性をめぐって展開されている議論も複雑で，その研究姿勢も，あくまで乳児の知覚世界 (perceptual world) の探究というニュアンスが強いので，ここでは1980年代半ば以降に行われた乳児の認知研究とは区別して考える。

に，問題となるのは知覚の水準ではなく表象の水準であると彼女は主張したいのであろう。しかし，このことは，よく考えてみるとかなり微妙な問題を孕んでいる。同じ馴化 - 脱馴化法によって行われたケルマンとスペルキ（Kellman & Spelke, 1983）の対象知覚の実験と比較してみよう。この研究では，1本の棒を箱の背後で動かして4カ月児に馴化したあと，箱を取り去って1本のつながった棒をそのまま動かした場合（箱で隠れていた部分も連続している場合）と2本の繋がっていない棒を同方向に動かした場合（箱で隠れていた部分は不連続である場合）を交互に提示している。その結果，不連続な棒の運動に脱馴化が起こったことから，ゲシュタルト心理学でいうところの「よき連続の法則」に基づく知覚が4カ月児に存在しているとされた。ケルマンとスペルキの論文タイトルは，『乳児における部分的に遮蔽された対象の知覚』であり，ここでは「知覚（perception）」が問題とされていることがわかる。

　ベラージョンの実験もケルマンとスペルキの実験も，得られた結果は，馴化事象とは異なる事象に対して注視時間の回復が見られたという事実であり，その限りで確実に言えることは，事象間の弁別が行われたという以上のことではない。両者に違いがあるとすれば，前者ではピアジェに端を発する表象問題の延長上に，後者ではゲシュタルト心理学に端を発する知覚問題の延長上に，実験目的が設定されたという点である。したがって，前者の結果が知覚的性質を越える表象の存在を示すとするのは，当初の問題設定に規定された解釈の問題に過ぎないとも言える。さらに言えば，もともと馴化 - 脱馴化法は，時間的に先立って反復して与えられる刺激（事象）の記憶があって，後に提示される刺激（事象）とこの記憶された刺激（事象）との比較が行われることを前提としている。つまり，二つの刺激（事象）間の比較は，一方の「刺激や出来事」が今ここに不在であることを織り込み済みなのである。とすれば，馴化 - 脱馴化法を用いた実験の結果は，全て何らかの表象の関与を想定することが妥当だということになっても，おかしくはない。

(2)「表象」の語は必要か？

　ここまでの議論から，1980年代半ば以降の乳児の認知発達研究で常識化した，「対象を表象する能力（の存在）は……発達初期に見られる厳然たる事実（Rochat, 2001/2004）」という命題の真偽性は，それを真とする人々の確信にもかかわらず，実は事実をめぐって争われる問題というよりは，得られた結果の解釈と，そこで用いられる心的用語（本章で問題とするのは「表象」）の妥当性，あるいは定義の問題であることがわかる。過去20年以上，乳児研究の中で積み重ねられてきた事実の多くは，おそらく十分な再現性もあり，疑うべくもない発達心理学の重要な成果であろう。しかし，それを例えば，定義のあいまいな「表象」という心的用語で語ってよいかは，また別の問題である。

　では，乳児の認知発達研究で通常，用いられている「表象」とは，つまるところ，何なのだろうか。Handbook of Child Psychology 第5版の2巻で Infant Cognition の章を担当したヘイスとベンソン（Haith & Benson, 1998）は，この研究領域で用いられる「表象」の語には，「乳児が先行経験の痕跡を保持する（retain a trace of a former experience）」こと以上の共通の意味はないと指摘している。だとするなら，表象は記憶痕跡と変わらないことになる。記憶痕跡と変わらなければ，少なくとも条件反射の形成が可能な全ての生物に表象はあるということになってしまうだろう。あるいは，もう少し限定して，複数の経験の痕跡が構造化されたものを表象とする立場もある。しかし，これでは表象を知識と呼び代えてもいっこうにさしつかえないことになる。さらには，こうした知識と類似する何ものかが経験に先立って初めから乳児に備わっているということになれば，ある種の表象は生得的に存在すると主張されることになる。しかし，ここまでくると，「表象」という語を固有に用いることの必然性はずっと薄くなってしまうと言ってよい。

2.「表象」とは何だろうか──表象の語義について考える

(1) 表象と知覚, 記憶

　そこで改めて, 表象（representation）の意味をその原義に立ち返って考えてみる。ヨーロッパ語の representation は, re-present する（再 - 現前化する）こと, つまり, 今ここにはない対象を心的に蘇らせることである。[2] represent は他動詞（蘇らせる）であって, 自動詞（蘇る）でないことに注意しよう。表象は目の前にない対象が心に再び現前化することであるとしても, 何か別の外的刺激が引き金になったり手掛かりになってそうなるのではなく, 想起主体の自発性や意図性が初めからそこには前提とされている。つまり, 表象は外的世界からは（何らかの程度において）独立に操作可能な, 主体の自由になる道具であることが[3], もともとの語義に含意されている。ヤーデンフォシュ（Gärdenfors, 2003/2005）も,『思考の進化論』と副題のついた瞠目すべき本の中で次のように語っている。「表象はさまざまなありうる行為の結果を予期するのにうまく使える道具なのである」と。ここから, 知覚との違いは明らかであろう。知覚は当の知覚主体をいま, ここに縛るものである。さらには, どのように知覚するかを, 私たちはその時点で自由に選べない。過去経験による構成を重視する知覚論の立場に立ったとしても, いま, ここで私たちの自由になる知覚世界はわずかしか残されていない。

　では次に, 表象と記憶との関係はどのように考えたらよいのだろうか。表象が記憶機能に支えられていることは間違いない。しかし, あらゆる記憶痕跡が表象なのではない。世界についての経験は, 記憶痕跡として生物の内部に必ず残る。感覚運動的経験が直接何らかの形で記憶痕跡として蓄

---

2)　正確には,「心的に蘇らせること」は心的表象（mental representation）あるいは内的表象（internal representation）である。
3)　もちろん, 表象の暴走によって主体が逆に捉われて, 自由を失うということはある。病理現象として現れる幻想や妄想のことを考えてみればよい。

積される仕組みは，人間も含めて多くの動物に共通のものであろう。そうした記憶痕跡の中には，長い進化の過程で種の遺伝子に組み込まれて，世界を独特の仕方で分節化して捉える知覚的カテゴリーや，環境の規則性についての知識として定着するようになったもの，さらにはそれらと結びついて適応的行動を可能とする自動化された運動プログラムとなったものもあるにちがいない。そうすると問題は，こうした個体の記憶一般や種の記憶一般と区別して「表象」と名指すことが必要な，おそらくは人間に固有な，経験の特別な蓄積の様式とは何だろうか，ということになる。

(2)「置き換え」としての表象

「表象」と名指すことが必要な，人間にとっての特別な様式とは，端的に言って，「置き換え」という様式である。対象や出来事をそれが経験される場から時間的，空間的に切り離して，別の心的なもの（イメージ，記号，ことば，など）に置き換えて保持できるようになること，その「置き換え」の働きが表象作用である。そのとき，「置き換えるもの」を表象（正確には心的表象），「置き換えられるもの」を指示対象とここでは呼ぶことにする。[4] 現在の発達心理学の中で表象問題について最も深い議論を展開しているパーナー（Perner, 1991/2006）の表象の定義も，ほぼこの線に沿っている。

「A representation is something that stands in a representing relation to something else（表象とは，何か別のものとの代理的関係にある，何かである）」

representationの定義自体の中にrepresentという動詞を含んでいるのは，同語反復的な感も否めないが，ポイントはsomethingとsomething elseの間の「代理的関係」にある。つまり，「置き換えるもの（表象）」は「置き

---

4) 表象をめぐる用語の使い方は論者によってさまざまである。ソシュール言語学的用語を用いれば，「置き換えるもの」はシニフィアン（signifiant, 能記），「置き換えられるもの」はシニフィエ（signifié, 所記）と呼ばれる。

換えられるもの（指示対象）」とは別の（else）ものであって，前者が後者を代理するという関係が成立する点にある。知覚的経験と知覚記憶痕跡，運動的経験と運動記憶痕跡の関係が多かれ少なかれ連続する同質なものどうしの関係であるとすると，それとはまったく違う関係が，生（なま）の経験と保持されるものとの間に成り立つようになることが重要である。

「置き換え」ということに関わって，もう一つ重要なことがある。表象と指示対象とが別のものであるということは，前者は後者から切り離されて，それだけが自立的に振る舞えるということでもある。切り離されているから，指示対象が現実の場面の中になくとも，表象だけを利用できるし，さらにはそれらを組み合わせて現実とは別の世界を作ることもできるわけである。先に触れた，表象は主体の自由になる道具であるということの意味は，ここにある。さらに言えば，今目の前に知覚している対象に別の表象を優先させて，行為を組み立てるということもできる。つまり，目の前にあるのはバナナだが，バナナの知覚を抑制して電話の表象に基づき行為をする（つまり，バナナが電話であるふりをする）ということも可能である。バナナという現実はいったんカッコの中にいれられて（decoupling されて），別の表象が行為を導いていくのである（Leslie, 1987）。

以上のように考えると，表象は単なる高次の，知覚や運動を基礎として作られる記憶痕跡ではない。知覚と対立し，知覚を凌駕し，知覚とは別の経験世界を形成するものである。そうであるとするなら，乳児の知覚的世界に，後の大人の表象的世界と重なる何かを見ようとする暗黙の研究方略を今一度，疑ってみることが必要である。知覚と表象との境界を消し去って，後者の発生の問題をあいまいにしてしまう研究スタンスをこそ，問い直さなければならない。

以上が，表象の発生問題に関する筆者の視点である。筆者は，基本的には，ピアジェやワロンを中心とするフランス語圏心理学から，このような視点を学んだ。本章では以下，特にワロンの表象論に焦点を当て，その中に，今日の表象発生論をめぐる議論に引き継いでいくべき優れたアイディ

アのあることを明らかにしていきたいが，その前に，表象論をめぐるフランス語圏心理学の伝統的発想について，簡単に触れておきたい。

3. 表象発生問題の思想的，文化的基盤

(1) 発達論をめぐるアングロ・サクソン的文脈とフランス的文脈

　発達論を構想する際の英語圏とフランス語圏の基本発想の違いについては既に第3章で論じ，表3-1（83ページ）のように対比的に要約した。この表を改めて見ていただくと，本章でこれまでに論じてきた英語圏を主とする現代の乳児発達研究において，1980年代以後，なぜピアジェ型課題の知覚課題化が熱心に行われたかの理由も朧げではあるが見えてくるはずである。英語圏の発達論の背景には今もイギリス経験論の伝統が色濃く浸透していると筆者は考えるが，ラッセル（Russel, 1946/1970）の有名な『西洋哲学史』の解説によれば，イギリス経験論とは「大まかな抽象化よりは具体的な詳細について思索」することを好み，「全ての知識が経験から導き出され」「連続的な漸次的移りゆき」が世界の諸現象の基本であるとする思想である。ここで「経験」として重視されるのは感覚・知覚的経験であり，感覚・知覚的要素の連合が観念を作ると考えられる。このアイディアは，連合主義として心理学の歴史の中に名を留めていることは，よく知られていよう。

　さて，もうお気づきのように，このラッセルのフレーズは，英語圏の最近の乳児の認知発達研究に，次のようにそっくりパラフレーズして書き換えることができる。

　「領域普遍的な抽象度の高い発達理論よりも領域固有的な個々の現象の詳細について研究」することを好み，「全ての高次の心理機能は感覚・知覚的経験から導き出され」「連続的な漸次的移りゆき」を示すと考えるので，遡行的に発達を見ていけば，高次の心理機能（例えば表象）に繋がる，あるいはそれと同型の何かが，早期に"発見"できるはずである。

これこそ，英語圏の乳児の認知発達研究を支える暗黙のメタ理論(implicit meta-theory)ではないだろうか。このようなメタ理論に則って行われる研究においては，発達初期における「対象を表象する能力（の存在）」(Rochat, 2001/2004) は，"発見"されるべくして"発見"されたのである。

　これに対して，デカルト的懐疑が感覚不信から出発したように，フランス的な思考の伝統にあっては，直接の感覚・知覚的経験から観念の世界，理性の世界が形作られるとは考えない。観念の明証性こそが真理性の基準とされ，感覚はそれを乱すものでしかないとすれば，両者の間に連続性を仮定すること自体がナンセンスということになろう。そもそも，物質と精神の世界を互いに切断されたそれぞれ別個の領域とするデカルトの二元論的発想からすれば，異質なものは容易には繋がらないのである。物質と精神のこの対立図式は，以後その克服のために両者をどのようなロジックで繋いだらよいかという課題をフランスの思想界に残すことになる。心理学の問題としては，第3章でも述べたように，それは，身体と意識，運動と思考，行為と表象，感性的認識と理性的認識，場面の知能と推論的知能，等々の関係の問題として提起されることになるが，両者は対立する二項であり，もともと別のものである。その関係を改めて問うこと，とりわけそれを一方から他方への移行の関係として問うことは，両者の連続性や類同性を安易に仮定することを排除してしまえば，非常に困難な作業になることは想像できよう。

　ピアジェとワロンにとって，発達の問題はこのようなコンテクストで問われていたことを忘れてはならない。心的なものの存在を誕生の初めから仮定してしまうのではなく，それがある時期から芽生えると考えること，そうであるとすればその前から後への移行のロジックを厳密に立てることが要請される。この課題にピアジェとワロンはそれぞれ取り組んだ。もちろん，何が心的なものの中核をなすかについては，ピアジェとワロンでは必ずしも一致しないし，問題として取り上げた平面は微妙にずれてい

る。ワロンからすれば，ピアジェの機能的連続，構造的非連続の発達論は，「非連続」の思想の不徹底として批判されることになるが，それでも両者の間には，心的なもの（表象）は初めからあるのではなく発生するという点で，問題の立て方に共通性があったことを押さえておくことは，重要である。

(2)「表象のない世界」を問うことの意味

　心的なものの発生，もう少し限定して言えば，表象やことばの発生を問題にする姿勢が，フランス語圏の思想的伝統に深く根ざしていることは，上記で簡単に見た通りであるが，さらに加えて，20世紀前半のフランスには，「表象（ことば）のない世界とはどのような世界か」を問う時代精神があったのではないか，と筆者は考える。ソシュール言語学の影響を受けて，1930年代以降は，表象や言語の問題をシニフィアン（能記）とシニフィエ（所記）の関係として考えていく傾向が広まり，ピアジェやワロンもその影響を深く受けた。彼らの主要な著作の中に，ソシュール的用語が頻出するようになったことは（例えば，Wallon, 1942/1962），この影響を物語っている。能記-所記の関係が成立するということは，流動する生(なま)の現実を簡略化し，枠付けて，別の秩序ある第二の"現実"（能記の体系）を心的世界として持つということでもある。表象や言語などの能記の網の目によって覆われた私たちの心的世界が作られた世界であるというのなら，逆に，能記-所記の関係として世界が分節化する前の世界とはどのような世界かを問い，それに照らして私たちの表象的世界の意味を捉え直してみたい，とする思想が生まれるのも，必然であろう。「生き生きした事象への還帰」とか「経験それ自体の，動的で詩的な次元」への還帰といったメルロ=ポンティの思想は，こうした視点に立っているものと思われる（熊野，2005）。また，ラカン（Lacan, J.）が，「象徴界」との対比で用いる「現実界」の概念も，同じような発想のもとに生まれたと思われる（斎藤，2006）。表象やことば（シニフィアン）によって置き換えられる前の未分

化な混沌とした世界，表象作用の外側にある有機的な生命そのものの世界，そうした世界がラカンの「現実界」であり，人間が表象やことばを持つことによって永遠に失われ接近不可能となってしまった世界として描かれる。

　表象の獲得によって開けた世界と表象の獲得以前の世界との，こうした深い断絶の意識が，文学で言えばプルースト（Proust, M.）を先駆として，20世紀前半の時代の意識としてあったのではないかと，筆者は想像する。語りようによってはある種の原初へのノスタルジーと受け取れなくもないこの意識は，精神科医の中井久夫の言葉を借りれば，人間が「生(なま)の現実（「即自」「もの自体」「現実界」など）から原理的に隔てられている虚妄感」（中井，2010）に基づくものであろう。しかし，中井は一方で，表象やことばによって置き換えられていない「リアル」な世界がいかに大変な世界であるかを，自身が自閉症である動物学者テンプル・グランディン（Grandin, T.）のことばを引きながら指摘することも忘れない。解釈もされず，序列もつけられず，切れ目なく与えられる鮮烈な感覚刺激に満ちた世界がいかに大きな負荷を強いる世界であるかは，私たちの想像を超えている。

　「表象（ことば）のない世界とはどのような世界か」を問う時代精神があったとして，ピアジェやワロンがその影響を受けたというよりは，彼らの仕事がそうした時代精神を生み出す一翼を担い，次のメルロ＝ポンティやラカンの世代に継承されたと考えたほうが，真実に近いかもしれない。ワロンは，このような問いそのものに結果として挑むことになった。『騒がしい子ども』（Wallon, 1925）や『性格の起源』（Wallon, 1934/1965）は，そういう本として読めないこともない。とくに後者は，表象機能やそれと一体となって形成されていく自己意識といったものが「ない」世界を徹底して記述し考え抜いた本として読むことも可能である。もちろん，『性格の起源』は表象発生問題を論ずる書物として書かれたわけではない。実際，表象機能について直接語られている部分は少ない。しかし，表象の未だ「ない」世界から表象機能の発生へとつながる優れたアイディアは，こ

の本の中に確実に散見される。

さて，これでやっとワロンの表象発生論を語る舞台が準備されたことになる。以下では，その論の核心部分を整理してみることとする。

4. アンリ・ワロンの表象発生論

(1) 整理に先立って

ワロンが章あるいは節を立てて表象問題に言及している文献は，既に3節で挙げた『性格の起源』と『騒がしい子ども』の他に，『行為から思考へ』(Wallon, 1942/1962) があり，また，いくつかの小論文の中にも著書での言及と類似の言及を見つけることができる。このうち，ワロンが最も意識的に表象問題を取り上げたのは，『行為から思考へ』であることに間違いない。この本において，ワロンはピアジェの表象発生についての考え方を徹底的に批判し，加えて「模倣と表象」や「能記と所記の関係」といった章を立てて，独自の表象論と言える内容を展開している。確かに，1942年に書かれた『行為から思考へ』の表象論は，問題のパースペクティヴの広さという点でそれ以前の著書に優る。しかし，「発生論」として見た場合の基本アイディアは，それがたとえ散見という程度の言及であるとしても，基本的には1934年の『性格の起源』に既にほぼ出ていると言ってよいのではないだろうか。もちろん，『性格の起源』に見られるアイディアは，遡れば1925年の『騒がしい子ども』にそのソースがあると思われるが，今のところワロンの発達思想の発展過程をその出発点からカバーする能力は筆者にはないので，本節の(2)以下は，『性格の起源』および『行為から思考へ』を中心として見たワロンの表象発生論の素描と

---

5) 段階論を含めたワロンの発達思想の展開を詳細に跡づけようとする仕事は，坂元忠芳氏によって行われている (坂元, 2008)。氏は，ワロンの全著作を丹念に読み込んだ，おそらく唯一の日本の研究者である。氏は筆者との個人的コミュニケーションで，ワロンは本文中に挙げた文献も含めて自らの表象発生論を体系的に論ずる著作を残していない，と指摘しておられる。

なる。素描と断るのは、ワロンは表象問題に関する自身の中核的な命題に必ずしも明確な説明を与えておらず、「ほとんど納得されることなく、ある意味で神秘的な命題」（浜田，1983，p.224）に長らくとどまってきたからである。したがって、ワロンの表象発生論は、ピアジェとは異なり、読み手の側の再構成に多分に依存せざるをえない性格を有する。

幸いにして既に、この「再構成」を試みた優れた読み手は何人かいる。

日本でおそらく最初に、ワロンの表象論の中核部分を平易な文章で解説してみせたのは、牧康夫であろう。彼はピアジェとワロンの模倣論を比較する中で、前者が感覚運動的機能の発達の延長上に表象やその先駆けとしての模倣の発生を捉えたのに対して、後者は姿勢機能との繋がりを強調したことを指摘した。牧の解説は、今から振り返れば既に多くの人々にとって既知の内容であるように見えるが、自身の心身問題に悩みぬいてワロンを読んだ人だけに、incubation（あたため）やgestation（懐胎）の語をワロンの表象論を読み解く鍵として抽出するなど、その指摘は随所に鋭いものがある（牧，1982）。

牧に続いて浜田寿美男は、自らワロンの重要論文を翻訳すると共に、その発達論の全体にわたる「再構築」を試み、身体論、情動論だけでなく、表象論についても一定の言及を行っている。とりわけ、外受容 - 外作用系、自己受容 - 自己作用系、内受容 - 内作用系の三組の系の関係に関するワロンの主張をわかりやすい図式として示したことは（浜田，1983，1994）、日本におけるワロン理解を大いに助けた。

牧や浜田のように直接ワロンについて論じているわけではないが、表象発生問題については、やまだようこがワロンの中核的なアイディアと親近性の高い主張を独自に展開したことを忘れるわけにはいかない。とくに、1996年のあまり知られていない論文では、ワロンの浸透（imprégnation）の概念を積極的に援用しながら、延滞模倣やことばの誕生が語られている（やまだ，1987，1996）。

以下のワロンの表象発生論の整理が、上記の先人たちの「読み」から多

くを学んでいることは，言うまでもない。

(2) ワロンは表象発生についてどう考えたか？

　ここでは，ワロンの表象発生論を命題として整理し，必要に応じて解説と彼のテキストからの直接の引用を加える。なお，引用に示した記号 OC は『児童における性格の起源』（久保田正人訳），AP は『行為から思考へ（邦訳名：認識過程の心理学）』（滝沢武久訳），VM は『心的生活（La vie mentale）』（Wallon, 1938・1982）（浜田寿美男訳『ワロン／身体・自我・社会』に一部所収）を表す。(f) はオリジナルのフランス語版を，(j) は邦訳を指し，それぞれ引用ページ数を示した。なお，久保田訳，滝沢訳，浜田訳については，筆者が原文と照らして改変した部分が多々ある。

命題1：表象とは，目の前の世界の感覚や知覚ではなく，可能的，仮象的世界の心的構成である。人間の行動は，前者に支配される水準から後者に基づく水準へと発展する。つまり，直接的な運動的適応から表象を媒介とする複雑な適応へと発展する。

　ワロンは，表象をまず，感覚や知覚と対立する心的なもの一般として語る。その上で，いま，ここの感覚・知覚に基づく運動的適応の水準から，表象に媒介されることによって，いま，ここに縛られない適応の水準へとどのように移行していくかが，問題として設定される。表象発達に関するワロンの議論はここから始まる。

　「状況への直接的適応であるところの自動作用なる完成されたものが，いかにして次第にこれが抑えられて，直接的状況よりむしろ今直接にはないものを理由とするごとき活動にとってかわられるのだろうか。今じかにあるものとはごくちがったものに対応し得るのが表象なのである。そして次第に，今あるものよりも可能的，仮象的なものが行動を決定するようになる。人間は二面のうながし（deux surfaces d'incitations）の間にある。

一つは感覚的末梢であり，そこから直接的適応ないし把握が生じる。第二は皮質であり，そこから表象の世界，つまり理想的状況や現実に起源をもたない動機（motifs inactuels）が発達する。人間の行為が次第に第一のものに支配されるのをやめ，第二の支配下に入って来たのは，後者の方が適応と征服とのはるかに有効な手段を提供するものだからにちがいない」OC(f) p.61, OC(j) p.58.

「人間という種には，物理的環境，つまりは感覚運動的環境，いま目の前の目標となる環境に重なって，もうひとつ単に表象だけに基づいた環境が存在している。後者にあっては，表象という道具が用いられ，その組み合わせの可能性はきわめて自由度の高い，多様にして固定も容易なものとなったので，行為を調整する際の表象の役割はたえず増大していった」AP(f) p.39, AP(j) p.52.

命題2：運動的適応の水準から表象に媒介される水準への移行は，運動的適応の延長上に実現するのではない。つまり，外界への実践的活動から表象が生まれるのではない。

命題1で設定された問題はどのように解かれるべきか。ワロンはまず，誤った解答を指摘するところから始める。命題2は，端的に言ってピアジェ批判である。ワロンは，『行為から思考へ』の第1部第1章において，詳細なピアジェ批判を展開しているが，そこではピアジェを全面否定しているわけではない。ピアジェが，20世紀前半の同時代の他の心理学のように外界から孤立した意識（表象）の存在を初めから仮定しないで，まず外界に行為を介して関わる子どもを見ようとしたことに，ワロンは積極的な評価を与える。つまり，「運動的水準から表象的水準へ」という命題1は，ピアジェとワロンの両者で共有されていることを，肯定的に確認するのである。その上で，外界への行為的働きかけの組織化の発展が，そのまま表象的世界の形成に繋がるわけではないことが，批判される。つまり，

外界へ向けて行われる活動の内化を心的なものの発生と考えたピアジェは間違っているとされるのである（加藤・日下・足立・亀谷，1996）。

「したがって運動的適応や自動作用から，表象によって働く精神活動が生ずると考えることはナンセンスである。それらははっきり異なった別々の水準の活動であり，それらは，人間においてしばしば見られるごとく，互いに矛盾しやすいのである」OC(f) p.60, OC(j) p.57.

「能記と所記との関係は，実践的活動から単に自動的に生ずるのではない。表象は，感覚運動的シェマどうしの単純な組み合わせがだんだんと複雑になり，ひとつの全体となっていくことによって，生まれるのではない。まして，環境によってその場で引き起こされる反応と直接つながって生じていくということもありえない。そうしたその場で引き起こされる反応がどんなに巧妙で複雑であっても，表象やシンボルによって生ずる思考とは，ある境界によって隔てられているのである」AP(f) p.152, AP(j) pp.205-206.

命題3：表象の発生には，姿勢機能の働きが決定的役割を果たす。
命題4：姿勢機能とは，行為主体が自らを調節する機能であり，行為を思いとどまって自らを造りかえる機能である。

「外界への実践的活動から表象が生まれない」とすれば，では何から生まれるのか。ワロンの独創的見解がここに現れる。まず，ワロンはピアジェの発達論の中心をなす感覚運動的活動を外界作用的（実践的）活動（activité extérofective ou pratique）として捉え，それとは区別される活動として自己作用的（自己塑型的）活動（activité propriofective ou plastique）に注目した。つまり，人間が何らかの行動を起こすときには，外部の対象に対して運動が向けられると同時に，その運動を準備し支える姿勢の造型が必ずあるということに目を向けた。もっと言えば，命あるものが世界と向き合うということは，まずもって運動的な関わりの成立とし

第5章　アンリ・ワロンの表象発生論　　167

てあるというよりも，身体の象り(かたど)として，構えの形成としてあるという根源的な事実に，ワロンは気づいたのである。なぜ根源的かは，第4章で見たように，例えば単細胞生物では体の変形がすなわち移動であったように，体の造型が世界との接触の始まりであり，運動器官はずっと後になって分化したという発生生物学的な事実を考えてみればよい（三木，1983）。

　自己塑型的活動は，人間にあっては姿勢－緊張性の活動と言い換えてもよい。その活動を可能とするのが姿勢機能である。姿勢機能は，運動機能とときに協調して働き，ときに対立し合う。この姿勢機能と運動機能との協調・対立・拮抗の関係を通して発達を捉えようとするのが，ワロンの視点であった。そして，これがワロンの独創的な点であるが，表象機能の発生を，運動機能とではなく，姿勢機能と結びつけて考えたのである。

　「姿勢の機能とは，調節（accomodation）の機能である。姿勢の機能によって，生物は状況が命じるような反応をするよう自らを調節する」OC(f) p.266, OC(j) pp.233-234.

　「思考が現在では世界に対して理念的で同時に客観的な認識をするものなのに，その起源が，人間をもっとも自己自身にとじこめる（enfermer l'homme sur lui-même）働き，つまり姿勢（attitudes）をとる働きにあるということが，さして不思議とは見えなくなるだろう。実にこの姿勢（attitudes）から，最初の主観的，意識的直観の努力が発生してきたのであり，姿勢活動（activité posturale）とその本質的に形成的な特性（essentielle plasticité）がなければ，そのことは不可能だったのである」OC(f)p.62, OC(j)p.59.

命題5：姿勢機能によって，外界から，あるいは外界の直接的印象から，外界へと働きかける活動（外界作用的活動）そのものから，主体は自らを引き離す（détacher）。この引き離しがあって初めて，表象が生まれる。

　そもそも心的な世界（表象の世界）とは，外界との直接的な交渉を断つ

たところにも成立する世界である。「いま，ここ」に縛られない，「いま，ここ」を時間的にも空間的にも越えていくことのできる世界である。したがって，「いま，ここ」において外界に直接働きかける活動の延長上にではなく，その活動を踏みとどまって行為主体と外界との間に時間的な隙間（待ち）や空間的な距離ができるところに，表象発生の契機を求めなければならない。それを可能とするのが，姿勢の機能である。

「直接経験と事物の表象との間には必然的にある分離（dissociation）がなければならず，この分離によって，対象に固有の質と固有の存在とが，はじめはそのものと一体となっていた印象や行為から引き離されて（détacher），対象の基本性質のうちでも外在性という性質が対象に付与されるのである。この分離なくしては表象ということは不可能である」OC(f) pp.227-228, OC(j) p.199.

命題6：姿勢機能が表象の発生と結びつく根拠は，姿勢機能そのものの二重性にある。姿勢的活動は緊張性の活動（activité tonique）であり，それに伴う自己受容感覚を生み出す。この自己受容感覚は，内臓内の筋収縮＝筋肉繊維の緊張に伴って生ずる内受容感覚（情動と繋がる）と，筋緊張という点で近い。姿勢的活動は，身体内の筋緊張とそれによって生ずる自己受容感覚からなるという意味で，身体内での，身体内に向かう活動（自己塑型的活動）だが，一方で，身体が位置する状況に応じた活動であるという意味で，また，対象への外的運動を調節して支える活動であるという意味で，外界に対して開いている活動である。この二重性が，外界を志向しながらすぐには運動となって解消しない"外界を反映する内面"＝表象を生み出す条件となる。

命題5で見たように，姿勢機能が外的対象との間に時間的隙間や空間的距離を生み出すという点は表象発生の契機として重要なポイントだが，それが外界との関係を断ち切ることになってしまっては，外界の対象の反

映としての表象に繋がらない。あくまで，運動となって発現はしないが，外界を志向し続ける主体の状態が必要なのである。この「閉じつつ開く」という一見矛盾する姿勢機能のあり方こそ，ワロンが姿勢機能の二重性（dédoublement）と呼ぶものであり，それこそが表象へと繋がる鍵である。

命題7：表象機能が備わる条件は主体の側で準備されるが，表象内容（カテゴリー）や表象媒体（ことば，外的シンボルなど）は個人が自力で作り上げるものでなく，社会的起源を有している。それらは自然に対する技術的活動から生み出され積み上げられたというよりも，むしろ人間と人間との関係の中から生み出され，自然の認識に拡張された。それらが人と人との関係を通して伝えられ，初めて子どものものとなるのも，起源からしてそれらが社会的だからである。

この命題自体は必ずしもワロンのオリジナルではない。ヴィゴツキーや，さらには最近の社会文化的アプローチのほうが，より精緻に論を展開している。しかし，社会性の議論が，人工物の世界に参入する認知的存在としての人といったイメージによって担われるのではなく，次の命題8や9のような視点を媒介とすれば，また違った展開が期待できるのではないだろうか。例えば，ことばという社会的道具がなぜ個人のものとなるかは，情動機能と姿勢機能によって響き合い，写し合う身体をもった存在として，そのような意味で根源的に社会的である存在として，人間を捉えるところから出発しなければ，解けない問題であると思われる。ワロンのアイディアはこの面でも優れて今日的である。

「ある説によると，直接経験と事物の認識との間には，原始人の迷信と児童の自己中心性とが，ゆがんだレンズのように介在していて，このような感情状態がじゃまに入りさえしなければ，運動的適応活動がひとりでに外界の表象となり得るのだという。しかし，この考えはわれわれの観念と実在との間にごく直接的な対応があると信じることになるし，思考という

ものがいろいろの段階の体系を通じて次第にその態度や観点を改めてきた筋道をあまりに軽視することになる。思考の体系の起源をたどって見出し得るところのものは、そのような説から見ればかなり意外なものにちがいない。というのは、経験的事物を概念の下に整理するのに用いられた最初の諸範疇は、技術的活動から事物の間に認められるに至った関係によって示唆されたというよりも、部族や社会的集団の組織に関するいろいろの区別を自然に対しておしつけようとしたものらしいからである。しかし、集団についての考慮が、はじめ自然についての考慮よりも優先していたということは、まさに前者がすべての集団的活動（activité collective）の不可欠の出発点であったということである。そして、集団的活動がなければ、知識も言語も象徴も不可能であった。それゆえ、もし儀式化した情動が象徴的活動の到来になんらかの役割を果たしたとすると、また、もし儀式化した情動が集団的心性（l'âme collective）や生命のもっとも決定的な表出（manifestations）の先駆けであったとすると、情動が自動作用と認識との間の必要欠くべからざる仲介者であることを認めなければならないであろう」OC(f) p.108、OC(j) p.94。

命題8：姿勢と情動は、身体外部に働きかけるのではなく、身体内部に変化を生み出す機能を有するという点で共通する。しかし、その身体内部の変化は身体の象りとして外に表出される。その表出を通して、情動も姿勢も人と人との間で伝染し合う。

情動は、私たちが怒り、怖れ、快、不快などと呼ぶ急激で一時的な状態の総称であるが、次に引用する『心的生活』の一文では、「情動は、この姿勢機能が心的なレベルで現れたもの（réalisation mentale）」という言い方をしている。ここでは情動は、その少なくとも一部は姿勢の変化によって生じ、心的平面に浮かび上がってきた状態として捉えられている。もちろん、情動は内臓系、循環器系の変化によっても生まれる。あるいは、内

的あるいは外的原因による内臓系，循環器系の変化そのものが情動だとも，考えることができる。いずれにしろ，情動も姿勢も身体内部の変化に関わる。しかし，その身体内部の変化は必然的に表出的であり，いったん表出されると他者の表出を誘発するという特性を持っていることが，ここでは肝心な点である。

　情動と姿勢との関係をもう少しすっきりと理解するためには，やまだ（1987）が「うたう」「みる」「とる」という用語で乳児と外界との関係を整理している図式が参考になる。筆者は，この図式をもう少しワロンに引きつけて，「響き合う身体」「緊張する身体」「活動する身体」と言い換えて乳児期の発達について考えたことがある（加藤，2004）。「響き合う身体」はワロンの情動機能，「緊張する身体」は姿勢機能，「活動する身体」は運動機能に対応する。姿勢機能を「緊張する身体」に置き換えてしまっては，ワロンの「姿勢」をあまりに狭く捉えてしまうことになるという批判もありえよう。しかし，一度思い切ってこうした整理を行った上で，現在の実証レベルの心理学研究とワロンを繋いでいくことも必要であると思われる。

　「情動の表われは本質的に表出的（expressive）である。……情動が塑型的で表出的な価値（valeur plastique et démonstratif）をもっていることは疑いない。……表現とは，原初的には，生体がその固有の傾性（dispositions propres）にそって，自らを象ること（modelage）である。それは本質的にいって自己作用的（塑型的）活動（activité propriofective）であり，姿勢機能から生じてくるものである。……情動は，この姿勢機能が心的なレベルで現れたもの（réalisation mentale）であり，意識の諸印象は情動を介して姿勢機能から生まれてくるのである」VM(f) p.216, VM(j) pp.172-173.

　「情動は物の世界との関係と異なる別種の関係に対応している。……この情動の本姓は明らかに個人から個人へと伝わる非常に強い伝染性をもつという本質的な特性にもとづいている」VM(f) p.216, VM(j) pp.171-

172.
「外化した情動にはすべて伝染の力がある」VM(f) p.219, VM(j) p.177.

命題9：人と人とは，情動と姿勢を介して，自分の中に他人を，他人の中に自分をうつし合う（映し合う，移し合う）メカニズムを有する。そのうつし合いのメカニズムこそ，人間が社会的存在であることの根本的条件であり，表象内容や表象媒体の伝達を支えるメカニズムである。

人と人との間には，情動の伝染だけでなく姿勢の映し合いがある。大人でも親しい人どうしがいつの間にか同じ姿勢をとっていること（姿勢反響）に気づくことがあるし，初めは情動の生理的表出として始まる表情も，情動が感情へと分化していくに応じてその表出はより洗練された他者の表情や身のこなしを映した，文化的なそれへと発達していく。模倣は，最も強力な，こうした映し合いのメカニズムの一つである。次で見るように，模倣が表象の発生と深く繋がっていることを見ても，姿勢的な映し合いは，表象機能を生み出す重要な条件の一つとなり，その発生後にも表象内容が子どもに伝えられていく上で欠かせない背景的メカニズムとして機能する。

「情動は集団のなかに一致した反応，姿勢（attitude），感覚をもたらすことができる。そしてまさにそのことが，情動が人間社会において最初に果たさなければならなかった役割なのである」VM(f) p.219, VM(j) p.177.

「情動は，……個人相互間の促し合いのシステムを構成するようになった。……個々の人々の反応が互いに一致し，また同時的に生じるようになると，集団は安定性を増し非常に大きな力を得るようになる」VM(f) p.219, VM(j) p.176.

「(情動の) 表出の重要性は，種のレベルが高くなるほどますます高まり，人間においてもっとも高度の複雑性と分化をとげるまでに至る。これはつ

まり，姿勢の反応（réactions posturales）が，行動のシステムを生み出し，それが……個体どうしの関係を作り出すのに役立つようになったと思われる。こうして，姿勢（attitude）や心的構え（disposition）は人々が集団で努力を傾注することや社会生活を営むことを助け，心的世界の洗練を可能とした。これは一人の個人だけからは生じえないことである。このことによって，情動は，純粋の自動作用と表象や象徴を用いる知性の世界との橋渡し役をつとめてきたのである。自動作用は環境の相次ぐ刺激の作用に支配されており，知性のほうは，表象や象徴によって，現在の具体的状況の中で生ずる動機や手段とは別の意図や手段をもって，行為することを可能にするのである」OC(f) p.102, OC(j) p.89.

命題 10：模倣の形成過程は表象の形成過程と一致しており，模倣を通して表象発生の秘密を垣間みることができる。

ワロンの表象論においては，模倣の形成論が重要な位置を占める。ある時間をおいてモデルの再生が可能となっても（延滞模倣が可能となっても），その初期には背後に心的といってよいもの（表象）が存在するかどうかは微妙であろう。しかし，延滞模倣が成立していく道筋は，表象の誕生を準備する重要な諸契機が何であるかを私たちに教えてくれる。牧（1982）とトラン・トン（Trang Thong, 1984）のワロンの模倣論に関する読みを手掛かりに，その道筋を辿れば，以下のようである。

a．情動の表出と伝染を媒介として，現前する他者と類似の運動反応を生じさせる場合があるが，これは未だ模倣でない（共鳴動作や微笑の交換は模倣でない）。

b．やがて，外界に直接働きかける感覚運動的活動から，その準備状態としての姿勢活動が分化してくる（待機の姿勢，緊張する身体の出現）

c．次に，姿勢的緊張でもってモデルに対峙する中で，モデルの動きを知覚しつつその動作に姿勢的に融即（participation）する働きと，それを

姿勢的に浸透（imprégnation）させる働きが，二重に生ずる（モデルに自分が溶け込むと同時に，モデルを自分の中に滲み込ませる）。こうして，外的な同型の運動的反応となってすぐには生じないが，その運動を準備する筋肉の働き，そのときの姿勢を維持する筋肉の働きが保持される。

d．ここでは，モデルの主体からの分化，実践的活動からの自己塑型的活動の分化，という二重の分化が進行している。

e．やがて，モデルの知覚から時間をおいて，モデルの運動が再生的に表出されるようになる。このモデルなしの再生的表出が延滞模倣である。延滞模倣は，姿勢的融即と姿勢的浸透によって生じた筋肉活動の印象が登録されて残り（運動を孕んだ姿勢が空間的，時間的にモデルから離れて自立し），それが既に行いえる動作と再統合することによって可能となる。この再生的表出に至る見えざる過程の進行を，ワロンは懐胎（gestation）とか，あたため（incubation）と呼んだ。

やまだ（1996）も指摘するように，ここで重要なのは，融即と浸透という二つの働きが同時に起こっていることである。他者に深く自分を重ねることと，他者を深く自分の中に取り込むことの一見矛盾する二つの働きが微妙なバランスのもとに同時に成り立つこと，それが姿勢的緊張によって生まれる対象（他者）との距離化を媒介に可能となること，このことが，表象が生まれていく個体レベルの最大の隠されたメカニズムなのかもしれない。

人と人との関係は，実践的活動としてよりも，何より身体と身体の向き合いとして始まる。その向き合いは，真空の中で行われるのではない。ましてや人間の場合は，自然環境の中で行われることは皆無である。そこには歴史文化的環境が既に用意され，その中にどっぷりと浸りながら，誕生直後からは情動機能によって，続いては姿勢機能によって，人と人との関係は始まるのである。赤ちゃんにとって多少とも相互性のある関係

が養育者との間に始まるのは,「抱く - 抱かれる」といった姿勢の相互調整であることを見れば,この事実は理解できるであろう。表象が芽生える以前の乳児の世界の原点に,物理的な対象に対する実践的な活動よりもこうした姿勢機能と情動機能を中心とする生の有様を見たということ,そしてその発達は単に姿勢の系と情動の系に閉じることなく,表象機能の誕生や自己意識の形成に繋がり,やがては人格全体の発達に繋がっていくと考えたこと,これこそがワロンの独創的な発達論のアイディアであった。しかし,時代的制約もあって,こうしたアイディアは大きな見取り図の域を出ず,具体的研究と結びついて発展するまでに至らなかった(Deleau, 1990)。だが,乳児期後半から幼児期にかけての,共同注意や指さし,ふり,模倣などの実証的研究が大きく発展しつつある現在,やっとワロンのアイディアを生かす条件が生まれつつあるように思う。21世紀の発達心理学にワロン・ルネサンスが訪れるか否かは,私たちの手に委ねられている。

引用文献

Baillargeon, R.（1986）Representing the existence and the location of hidden objects: object permanence in six- and eight-month-old infants. *Cognition*, **23**, 21-41.

Bower, T. G. R.（1977）*A primer of infant development*. San Francisco: W.H. Freeman and Company.（バウアー,T. G. R.（1980）乳児期:可能性を生きる.（岡本夏木・野村庄吾・岩田純一・伊藤典子 訳）京都:ミネルヴァ書房）

Bremner, J. G.（1994）*Infancy, 2nd edition*. Oxford: Blackwell Publishers.（ブレムナー,J. G.（1999）乳児の発達.（渡部雅之 訳）京都:ミネルヴァ書房）

Deacon, T. W.（1997）*The Symbolic Species: The co-evolution of language and the brain*. New York: W. W. Norton & Company, Inc.（ディーコン,T. W.（1999）ヒトはいかにして人になったか——言語と脳の共進化.（金子隆芳 訳）東京:新曜社）

Deleau, M.（1990）*Les origines sociales du développement mental*. Paris : Armand Colin.

Fantz, R. L.（1964）Visual experience in infants: Decreased attention to familiar patterns relative to novel ones. *Science*, **146**(12), 668-670.

Gärdenfors, P.（2003）*On the Evolution of Thinking*. Oxford: Oxford University Press.（ヤーデンフォシュ，P.（2005）ヒトはいかにして知恵者となったのか――思考の進化論．（井上逸兵 訳）東京：研究社）

Gómez, J. C.（2004）*Apes, Monkeys, Children and the Growth of Mind*. Cambridge, MA: Harvard University Press.（ゴメス，J. C.（2005）霊長類のこころ――適応戦略としての認知発達と進化．（長谷川真理子 訳）東京：新曜社）

Goswami, U.（1998）*Cognition in children*. London: Psychology Press.（ゴスワミ，U.（2003）子どもの認知発達．（岩男卓実・上淵寿・古池若葉・富山尚子・中島伸子 訳）東京：新曜社）

Greenspan, S. I. & Shanker, S. G.（2004）*The First Idea: How symbols, language and intelligence evolved from our primate ancestors to modern humans*. Cambridge, MA: Da Capo Press.

Haith, M. M. & Benson, J. B.（1998）Infant cognition. In Kuhn, D. & Siegler, R. S.（Eds.）*Handbook of child psychology, Fifth edition, volume 2: Cognition, perception, and language*.（pp.199-254）. New York: John Wiley & Sons, Inc.

浜田寿美男 訳編（1983）ワロン／身体・自我・社会．京都：ミネルヴァ書房．

浜田寿美男（1994）ピアジェとワロン．京都：ミネルヴァ書房．

加藤義信（2004）コミュニケーションとからだ．心理科学研究会（編）心理科学への招待――人間発達における時間とコミュニケーション．（pp.93-108）東京：有斐閣．

加藤義信・日下正一・足立自朗・亀谷和史（1996）ピアジェ×ワロン論争．京都：ミネルヴァ書房．

Kellman, P. J. & Spelke, E. R.（1983）Perception of partly occluded objects in infancy. *Cognitive Psychology*, **15**, 483-524.

熊野純彦（2005）メルロ＝ポンティ――哲学者は詩人でありうるか？　東京：NHK出版．

Leslie, A. M.（1987）Pretense and representation: the origins of "theory of mind". *Psychological Review*, **94**, 412-426.

牧康夫（1982）人間探求の心理学．京都：アカデミア出版会．

三木成夫（1983）胎児の世界――人類の生命記憶．東京：中公新書．

Mithen, S.（1996）*The Prehistory of Mind: A search for the origins of art, religion and science*. London: Thames and Hudson Ltd.（ミズン，S.（1998）心の先史時代．（松浦俊輔・牧野美佐緒 訳）東京：青土社）

中井久夫（2010）私の日本語雑記．東京：岩波書店．

Perner, J.（1991）*Understanding the representational mind.* Cambridge, MA: The MIT Press.（パーナー，J.（2006）発達する〈心の理論〉——4歳：人の心を理解するターニングポイント．（小島康次・佐藤惇・松田真幸 訳）東京：ブレーン出版．

Rochat, P.（2001）*The infant's world.* Cambridge, MA: Harvard University Press.（ロシャ，P.（2004）乳児の世界．（板倉昭二・開一夫 監訳）京都：ミネルヴァ書房．

Russel, B.（1946）*History of Western philosophy.* London: George Allen and Unwin Ltd.（ラッセル，B.（1970）西洋哲学史 3．（市井三郎 訳）東京：みすず書房）

斎藤環（2006）生き延びるためのラカン．東京：バジリコ株式会社．

坂元忠芳（2008）アンリ・ワロンにおける人間発達思想の誕生 第一部・第二部・第三部．私家版．

Spelke, E. S.（1988）Where perceiving ends and thinking begins: The apprehension of objects in infancy. In A. Yonas（Ed.）, *Perceptual development in infancy*（Vol.20）.（pp.197-234）. Hilsdale, NJ: Erlbaum.

Spelke, E. S.（1994）Initial knowledge: Six suggestions. *Cognition*, **50**, 431-445.

Tran Thong（1984）Paris 第 8 大学 1983-1984 年講義ノート．（加藤義信 作成）

Wallon, H.（1925）*L'enfant turbulent: Étude sur les retards et les anomalies du développement moteur et mental.* Paris: Félix Alcan.

Wallon, H.（1934）*Les origines du caractère chez l'enfant.* Paris: P.U.F.（ワロン，H.（1965）児童における性格の起源．（久保田正人 訳）東京：明治図書）

Wallon, H.（1938・1982）*La vie mentale.* Paris: Éditions sociales.

Wallon, H.（1942）*De l'acte à la pensée: Essai de psychologie comparée.* Paris: Flammarion.（ワロン，H.（1962）認識過程の心理学．（滝沢武久 訳）東京：大月書店）

やまだようこ（1987）ことばの前のことば．東京：新曜社．

やまだようこ（1996）共鳴してうたうこと・自身の声がうまれること．菅原和孝・野村雅一（編）叢書 身体と文化 2 コミュニケーションとしての身体．（pp.40-70）東京：大修館書店．

第6章

アンリ・ワロンの描画発達論
―リリアン・ルルサとの共同研究を中心として―

　本章では，ワロンが晩年にリリアン・ルルサと共に行った子どもの描画研究を取り上げる。

　第1章の終わりでも少し触れたが，ワロンは最晩年の1950年代に，何人かの若い研究者たちとそれぞれ別途の研究テーマで共同研究を行った。ルルサもその一人である。彼女によると，ワロンとの共同研究は1951年12月に開始され（Wallon & Lurçat, 1987），ワロンの没年まで続いた[1]。

　この共同研究は，ルルサが無給の研修生（stagiaire bénévole）として，障がい児を対象とするワロンの診療活動（consultation）を手伝うようになったことがきっかけとなって始まったものと思われる。ワロン72歳，ルルサ23歳のときであった。なお，研究が進められたその実際の様子は，ルルサの詳細なメモに記録として残されている（Lurçat, 1963）。

　本章では，1950年代から没年の1962年に至る時期に，ワロンがこれまでの理論的達成を踏まえて，描画発達という具体的な研究領域で何を新たに明らかにすることができたのか，その研究の今日的意義とは何であるかを，ワロンとルルサの二人の共著論文2編を中心に検討する。

---

[1]　ルルサについては，コラム5「ワロンとその教え子たち（2）リリアン・ルルサ」参照。なお，ワロンの没後，彼女は1962年から1993年までフランス国立科学研究センター（CNRS）に在職し，幼児期の描画発達や空間概念の発達，テレビ視聴が子どもの発達に及ぼす影響などの研究を行った。20を超える著書，150を超える論文の一覧は，スペインの学術誌 Anthropos の Liliane Lurçat 特集号（1988）88, 19-22. に掲載されている。

1. なぜ描画発達研究であったのか？

　ワロンは晩年になって，なぜ描画発達研究を具体的な研究テーマの一つとして選んだのだろうか。その理由は推測の域を出ないが，次のようなことが考えられる。

　まず，ルルサによると，ワロンは臨床家という立場からも，研究者という立場からも，生涯を通じて子どもの描画に深い関心を持っていた（Lurçat, 1963）。実際，ワロンは診療の場で日常的に子どもに絵を描かせてその観察を行っていたと思われ，そうして集められた 3000 枚の子どもの絵が共同研究の資料として利用されたのである。また，ルルサが記録に残している「子どもの描画についてのワロンとの対話」を読むと，彼が近現代美術の画家たちの作品にいかに深い造詣を有していたかに驚く（Lurçat, 1963）。感性のタイプに視覚優位型と聴覚優位型があるとすれば，戦後，『知覚的行為と映画』（Wallon, 1953）という論文を書き，映画の可能性についてもいち早く深い関心を寄せていたワロンは，明らかに「視覚優位」の感性の人であったのではないだろうか。こうしたワロン自身の美術に対するもともとの嗜好性に加えて，客観的な条件を一つ指摘しておくとすれば，1950 年前後の時期は，子どもの心を探る手段として描画を用いる研究（各種の描画テスト研究）が一斉に花開いた時期でもある。[2]それを受けて，創刊間もない研究誌『子ども期（Enfance）』も 1950 年に描画特集を行っている。フランスにおける描画発達研究へのこのような関心の高まりも，当然のことながら，彼らのテーマ選択に影響を及ぼした要因の一つであったであろう。

　さて，ワロンとルルサの描画発達研究は，二つの論文となって公刊さ

---

[2]　フランスでは，後に臨床場面でよく用いられることになるレイ（Rey）の複雑図形テスト，プリュドモ（Prudhommeau）のテストがこの時期作られているし，子どもの性格や問題行動を知るための手段として絵を利用しようとする投影法的研究もミンコヴスカ（Minkowska, F.）たちのグループによって，1950 年前後の時期に盛んとなった。

れている（Wallon & Lurçat, 1957, 1958）。彼らの研究は，その後，「描画空間の構成を可能とする子どもの空間表象能力がどのように発達していくか」へとシフトしていくことになるが（Wallon & Lurçat, 1959, 1962），初めの二つの論文は以下のような点で，とりわけ重要である。

第一は，子どもの描画発達研究は，リュケ（Luquet, G. H.）によってその理論枠組みが作られ，20世紀を通じてその影響のもとに発展してきたが，ワロンとルルサの研究は，この理論枠組みに対する最初の根本的疑念の提出であったという点。

第二は，この研究が，子どもの発達を見るワロンの視点のきわめて具体的な分野での展開であったという点。

第二の点については後に少し触れることとして，ここではまず，第一の点について詳しく論じることにしたい。

2. リュケ批判としての，ワロンとルルサの描画発達研究

子どもの描画であれ，大人の美術であれ，絵には必ず，二重の表現性がつきまとう。絵を見れば，人はそこに何が描かれているか——女性が描かれているか，男性が描かれているか，果物が描かれているか，花が描かれているか等々——を読み取ろうとするだろう。その意味で，絵はまず何より<u>対象の表現</u>である。しかし，同時に，人は絵を見て，それが同じ女性の絵であっても，ルノワール（Renoir, P.-A.）の描いた女性か，モジリアニ（Modigliani, A.）の描いた女性かを，容易に区別するであろう。また，彼らがその女性にどのような愛情や哀しみのまなざしを向けて描いたかも，感受できるであろう。つまり，絵は一方で，<u>描き手の個性や感情の表現</u>でもある。もちろん，二つの表現性のうち，どちらかの表現性が前景に突出することによって，他方の表現性が後景に退くということはあるだろう。例えば，カンディンスキー（Kandinsky, W.）の『叙情的』と題する1911年の絵の中に何が描かれているかを俄に判別することは難しい。そこで

は，対象の表現としての絵の側面は後景に退き，代わりに鑑賞者は，絵によって描き手が伝えようとした感情や描画時に抱いていた感情を，否応なく体験させられる。反対に，絵が写真的になればなるほど，何が描かれているかを見まがうことはなくなるが，そこに描き手の個性や感情の表現を見出すことはかえってむずかしくなっていくだろう。

　絵がこのように二重の表現性を有しているとすると，子どもの描画研究もどちらの表現性に注目するかによって，異なる研究の流れが形作られることになる。描き手の個性や感情の表現としての側面に注目すれば，描画を子どもの内面を探る手段と捉える解釈学的，投影法的研究へと向かうことになり，対象の表現としての側面にもっぱら注目すれば，子どもは現実世界の対象をどのように正確に絵に写しとることができるようになっていくか，に焦点化した発達研究となる。20世紀の初頭，後者の見方に立って，初めて子どもの描画の発達過程を明らかにしようとした人こそ，リュケであった。

　よく知られているように，リュケは，写実性（réalisme）の概念を軸に子どもの絵の発達を見ることを提唱し，そこに四つの大きな発達段階を見出した（Luquet, 1927）。偶然の写実性（réalisme fortuit），できそこないの写実性（réalisme manqué），知的写実性（réalisme intellectuel），視覚的写実性（réalisme visuel）の四つである。子どもの絵に関する研究は19世紀後半から行われるようになっていたから，リュケはけっして子どもの絵研究の創始者ではないのだが，雑然とした山のような資料から上記のような発達の流れを初めてつかみ出し概念化した功績は，いくら評価しても評価しすぎるということはない。事実，リュケのこの段階論は，良きにつけ悪しきにつけ20世紀の描画発達研究全体を縛る基本枠組みとして作用していくのである。

　リュケの子どもの絵研究の中核をなしているもう一つの柱は，内的モデル（modèle interne）の概念である。写実性という観点から子どもの絵を見れば，知覚対象と描かれたものとの間にあるずれは，ある年齢までは著

しい。リュケは，運動技能の未成熟だけではこれを説明できないと考え，上記の概念を導入した。つまり，子どもの場合，知覚対象が子どもの内部で歪められたイメージ（内的モデル）となって保持され，それが用紙上に表現されるため，現実の対象とは大きくかけ離れた絵となる，と考えたのである。

　ワロンのリュケ批判は，とりわけ前者の段階論の中の知的写実性と，後者の内的モデルの概念に向けられて展開されている。ただ，そのことは，ワロンがリュケとの間に共通の視点を何も持たなかったことを意味しない。ここで繰り返し指摘しておきたいのは，リュケは，子どもの描画を「情動（émotion）の表現としてよりも精神（esprit）の表現として」(Drouin-Hans, 2000) 見たということである。つまり，現実世界の対象を知覚し，解釈し，表現する知的な活動として，捉えたということである。対象を前にしての，子どもの快，不快，恐れや喜びなどの情動表出活動として捉えたのではないということである。興味深いことに，「情動の理論家」ワロンのリュケ批判は，この点には向けられていない。ワロンとルルサの論文は，あくまで，「精神の表現として」子どもの絵を扱う視点を共有した上でのリュケ批判であったという点は注目すべきであろう。描画の情動表出としての側面をワロンがどのように考えていたのか，その研究の可能性をどう考えていたのかは，彼らの論文を読む限り，明らかでない。1950年代当時，絵の投影法的研究が精神分析の理論と結びつき，たぶんに瑣末な表現の恣意的解釈に陥っていた傾向に，「科学者」ワロンは批判的であったということだろうか。この点は，今後の解明が待たれる研究課題の一つである。

　「精神の表現として」子どもの絵を見ようとするワロンとリュケの共通の視点は，実は理由がないことではない。これまであまり指摘されていない点であるが，リュケ（1876年生まれ）とワロン（1879年生まれ）はわずか3歳違いで，ともに高等師範学校出身者（ancien élève de l'école normale supérieure）であり，二人ともレヴィ＝ブリュールに直接教えら

れ，深い影響を受けた（Wallon, 1957）。リュケは哲学と民族学を学ぶ中で，先史時代の芸術にまず強い関心を抱くようになり，やがてそこから先史芸術と子どもの描画との間の類似性に気づき，両者の並行論，後者の発生反復説を唱えるに至る（Drouin-Hans, 2000）。子どもの絵の本格的な研究は，こうした関心から生まれたのであり，彼にとっては先史時代の絵も子どもの絵も，あくまで人間の精神史の発展を考える一素材なのであった。子どもの精神発達を未開社会に生きる人々の精神と比較して検討する視点は，ワロンもまたレヴィ゠ブリュールから学んだと思われる。ただし，ワロンの場合は，単純な反復説の立場をとらず，むしろ子どもの精神発達の固有性を浮かび上がらせるために，こうした比較の方法が有効であると考えた。このような視点は，後にトラン・トン（Tran Thong, 1984）が多次元的な比較発生的分析法（méthode d'analyse génétique comparative multidimensionnelle）と呼んだワロンの方法論の重要な一部となるのである。

こうして，レヴィ゠ブリュールからの共通の影響のもとに，「精神の発生」の秘密に迫ることがリュケとワロンの関心事であった。それも，事実を丹念に集め，事実を通して，その発生を見きわめ説明しようとする点において，両者は共通していた。リュケは，自分の子どもシモーヌの1700枚の絵を通して。ワロンは日々の児童臨床の実践から得られた事例資料を通して。

では，ワロンとルルサの描画研究とはどのようなものであったかを，次に二つの論文の内容を見る中で検討することにしよう。

3. 1957年グラフィスム論文が明らかにしたこと

ワロンとルルサが1957年に最初に公にした論文は，『子どもの描画におけるグラフィスムとモデル』というタイトルとなっている（Wallon & Lurçat, 1957）。この「グラフィスム（graphisme）」という語は，フランス語に独特な用語であって翻訳が困難であるが，「手の運動の結果，紙や

板，砂などの上に残った描跡」(Mialaret, 1979) を指す。プチ・ロベール辞典によれば，加えてその描跡の「個人的特徴」を表す意味もある。ただ，こうした辞書的な意味を超えて，この用語はワロンの描画発達研究全体のキー・コンセプトの地位を占めていることに注意しなければならない。

先に引用したように，ルルサは描画研究が行われていた間に交わされたワロンとの対話メモを公にしているが (Lurçat, 1963)，その記録を読むと，グラフィスムの概念は初めから登場していたわけではなく，次第に練り上げられて彼らの描画研究の中心に据わるようになったことがわかる。1957年論文の目的は，その冒頭で述べられているように，リュケの描画発達段階論への批判，とりわけ知的写実性と名づけられた段階とその段階を生み出す内的モデルの概念への批判にあった。内的モデルとは，子どもの内部にある主観的イメージである。しかし，ワロンに言わせれば，そうした主観的状態の反映として，知的写実性という語により一括りにされる子どもの描画の諸特徴が生まれるのではない。そもそも描画とは身体の運動に支えられて初めて実現可能な活動であり，その点に注目すれば，特定の子どもが特定の年齢で描く絵の特徴は，描画活動が組織されていく際の子どもの側に備わる運動的条件やそれが発揮される場の条件といった，客観的状態の分析を通じてこそ解明できる。これがワロンの基本的視点であった。したがって，グラフィスムは，ワロンにとって単なる一用語ではない。リュケの「内的モデル」への対抗概念として練り上げられた，子どもの描画研究の中心概念である。

筆者なりに，あえてここでグラフィスムを定義しておくとすれば，次のようになる。

「人間の身体の構造に起因して，手を中心とする運動には一定の発達的制約があるが，そうした運動的条件に制約されつつ個々人が特定の時期に作りあげている描線のレパートリー」

さて，1957年論文の前半では，上記のグラフィスムの概念を軸として，描画の初期の発生過程が丹念に記述されている。最初は純粋に手の運動の

軌跡として始まったなぐり描きが，やがて一定の視覚的効果を生み出そうとする意図の含まれた描線へ，さらには形の表現意図を伴う描線へと変化していくのだが，そこでの表現意図と実際の表現との関係は，初めから不安定であることが指摘される。また，一方で対象（外的モデル）の形自体の本質的特徴を未だ正確に捉えられないために，単純な運動図式の結果でしかない描線に特定の対象の命名が行われるといったことが生ずる。つまり，初期の描画は，グラフィスムと形，形と対象，対象とグラフィスムの三項の力動的な関係として発達するのである。その過程で，子どもの絵には，図式化（schématisation），様式化（stylisation），紋切り型（stéréotype），固執傾向（persévération）といった特有な描き方が現れる。こうした描画特徴は，知的障がい児の絵にも見られること，さらには，年齢の高い定型発達児であっても一定の条件のもとでは退行現象として見られることが，子どもにモデルとなる絵の反復模写を求める実験によって検証されている。

4. 1958年人物画論文が明らかにしたこと

　続く1958年の論文（Wallon & Lurçat, 1958）では，リュケの「内的モデル」に対する批判が，人物画の発達に焦点を絞って，具体的に展開される。人物の描画タイプの発達的変化は，リュケが考えるような「内的モデル」の変容によって生ずるのではない。その変化は，「ある種の構造的必要性（une sorte de nécessité structurale）」によって生ずる。つまり，1957年論文で展開された，グラフィスム，形，対象の三者の力動的関係の中での子どもの描線の変容という見方は，1958年論文においても基本的に踏襲されている。ただ，その上で，人物という複雑な対象表現の変容が問題となるときには，いっそう多様な要因間の対立，葛藤，並存，止揚の結果としてこれを捉えていく必要性が強調されるのである。

　上記の観点から子どもの描画の「変化」を捉える手法として，ワロンとルルサはこの論文で，卓抜な実験的観察の方法を導入している。つま

り，子どもに人物画を描かせた後，実験者が「間違い」や「不足」を指摘し，子ども自身の身体図式に照らして（つまり，自分の体をよく見て考えて）絵を修正するよう求めると，どのような困難が生まれ，子どもはそれをどのように解決しようとするか，を見たのである。その結果，こうした修正過程ではさまざまな葛藤が生ずることが明らかとなった。

　この修正課題のメリットは，自発的には後にしか現れない，現れるとしてもゆっくりとした変化として現象する，絵の変形パターンを先取りして知ることができるという点にある。子どもが今自力で描くことのできる描画の水準と，大人が一歩先に改良目標を示した結果，後に現れる描画の水準とを比較することによって，変化のプロセスを捉えようとするこの試みは，ヴィゴツキーの発達の最近接領域の概念とも通底するアイデアと言えるだろう。ワロンは，いかなる著作においてもヴィゴツキーを引用することはなかったこと，おそらくはヴィゴツキーの心理学についてはほとんど何も知らずに生涯を閉じたこと（Deleau, 2002）を考えると，このことはいっそう興味深い。

　さて，論文では，こうした試みによって明らかとなった葛藤の数々とその反映としての変形のパターンの数々が詳細に論じられていく。大人の目から見た子どもの絵のあらゆる「奇妙さ」が，子どもが経験する次のような葛藤，それらの葛藤に由来する躊躇，気おくれ，揺らぎの結果として説明されていくのである。ワロンとルルサが挙げている葛藤の種類の一部をここに列挙すれば，細部と全体との葛藤，子どもなりの美しい形への志向と写実への志向との葛藤，身体の基本形態の表現と姿勢表現との葛藤などである。その結果，絵の幾何学化（géométrisation），質の低下，改良，脱落，単純化など，さまざまな変形のタイプが観察されることになる。リュケの知的写実性段階の絵の特徴である擬展開図（rabattement）や透明画（transparence）も，奥行き表現と人物の特徴表現との間の葛藤から生まれた変形の一タイプとして理解される。

　ワロンとルルサが提示する変形パターンの詳細さは，ほとんど驚嘆すべ

図6-1　12歳の子どもの描いた人物画

首のない人物画を描いた12歳3カ月の子どもに修正を求めたところ、つぎつぎに1から4までの絵を描いた。1の男性を描いた絵ではうまく描けた。2から4までの女性の絵では、首を他の身体部位（頭、胴体、腕）とどのように関係づけたらよいかに、子どもが四苦八苦し、その結果かえって絵の質の低下や単純化、脱落が生じている様子がわかる。(Wallon & Lurçat, 1958)

き水準にまで達しており、要約はきわめて困難である。肝心なことは、描画過程で生じた新しい契機――それは大人の外部からの要求であったり、子どもに芽生えた新しい表現意欲であったり、偶発的に生まれた効果であったりするのだが――によって絵全体の力動的変化が生み出されていく様子を、彼らが見事に捉えているということであろう。また、描画とは身体的行為であり、それゆえワロンが言うところのグラフィスムの問題がそうした契機の根底には横たわっていることが、この論文の最後でも忘れずに言及されている。

5. ワロンとルルサの描画発達研究の今日的意義

ワロンとルルサの描画発達研究は、ワロンの発達の見方が描画という個別領域に具体的に適用された例として、きわめて興味深い。ワロンは個々の現象の多様性を大切にする臨床家であった。描画研究においても、その特徴は、個々の子どもが異なる年齢、異なる場面で描く描画タイプの多様

性を何より大切にして，その中に変化の動因を見出そうとする視点として生きている。また，ワロンは機能間のずれ，対立，拮抗といった関係の中で子どもの発達を考える思想家だった。この点も，多様な描画タイプを生み出す対立項とは何かに目を向け，そうした対立項の克服過程として描画の発達を見ていく分析方法が，論文中に自在に駆使されている。さらに，発達は一直線の上昇でなく，ときには後退を含んでゆらぎつつ進行する過程であるとする見方も，描画タイプの変容過程のゆらぎ（fluctuation）の具体的検討の中に生かされている。

　上記に加えて，描画論文の中で，筆者が特にワロンの独自性を感ずるのは，描画活動の根底にある身体性，運動性に注目している点である。描画はもちろん，発達のある時点からは心理的平面に位置づく活動となるのであるが，その出発的においては身体的行為であり，その比重は発達と共に変わるとしても，大人になってからもその制約は残り続ける。むしろ，身体性に根ざすこうした側面は，一流の画家たちの個性を構成する重要な部分ですらある。ワロンの描画を見るこのような視点こそが，研究の中でグラフィスムの概念の必要性を生んだのであった。

　最後に，心理学研究者としての筆者から見て，この二つの描画論文が特に重要であると思う理由を挙げておきたい。本書の最初の問いにも戻ることになるが，ワロンの学説は，ワロンの死後，なぜ学派を構成する形では残らなかったのか，ピアジェと比較し，なぜ心理学の内部で彼の学説を踏まえた具体的なリサーチが展開されなかったのか，を総括し，今後の新しい発達研究を模索する上で，ワロン晩年の描画研究は一つの重要な示唆を与えてくれている。第3章でも論じたように，心理学が今後も科学の一領域であることを標榜する限り，発達の理論は，①堅固な核となる基本前提と概念群だけでなく，②その核の防御帯としての仮説群と補助概念群を備え，同時に，③仮説検証の固有な領域とそのための独自の方法を備える必要がある。ピアジェ理論が一時期，発達心理学の世界を席捲したのは，この三つの要件を備えていたからであった。それに対し，ワロンの場合は，

人間発達への全体論的アプローチをとるゆえに，理論検証の舞台となる現象領域を限定して切り出すことがむずかしく，その方法化も困難であると考えられてきた。少なくとも，ワロンの著書を読んで，彼のアイデアを個別の具体的なリサーチ・プログラムへと繋げる回路を見出すことは，ふつうの心理学者にとってはむずかしい。しかし，ワロン晩年の共同研究の中では，こうした試みをワロン自らが範を示す形で行っているのである。ワロンとルルサの描画研究の中には，研究の基本視点はまったく異なっているのだが，現在イギリスを中心にして世界の描画研究の主流となっているプロセス・アプローチの先駆といってもよい，介入実験的研究手法が用いられていることも，改めて再評価されてよいのではないだろうか。

引用文献

Deleau, M.（2002）Vygotski, Wallon et les débats actuels sur la théorie de la pensée, In Y. Clot（Éd.）, *Avec Vygotski.*（pp.105-120）Paris: La Dispute.

Drouin-Hans, A.-M.（2000）Georges Luquet, philosophe, ethnographe et pionnier de l'étude du dessin enfantin. *Bulletin de Psychologie*, **53**(5), 573-591.

Luquet, G. H.（1927）*Le dessin enfantin.* Paris, Alcan.（リュケ，G. H.（1979）子どもの絵――児童画研究の源流．（須賀哲夫 監訳）東京：金子書房）

Lurçat, L.（1963）Henri Wallon: Entretiens sur le dessin de l'enfant, *Cahiers du Groupe Française Minkowska*, **10**, 55-74.

Mialaret, G.（1979）*Vocabulaire de l'éducation.* Paris: P.U.F.

Tran Thong（1984）Préface, Wallon, H., *L'enfant turbulent.* Paris: P.U.F.

Wallon, H.（1953）L'acte perceptif et le cinéma, *Revue internationale de filmologie*, avril-juin, 97-100.

Wallon, H.（1957）La mentalité primitive et la raison dans l'œuvre de Lévy-Bruhl, *La Revue Philosophique*, **4**, 461-467.

Wallon, H. & Lurçat, L.（1957）Graphisme et modèle dans les dessins de l'enfant, *Journal de psychologie*, **3**, 257-278.

Wallon, H. & Lurçat, L.（1958）Le dessin du personnage par l'enfant: Ses étapes et ses mutations, *Enfance*, **3**, 177-211.

Wallon, H. & Lurçat, L. (1959) L'espace graphique de l'enfant, *Journal de psychologie*, **4**, 427-453.

Wallon, H. & Lurçat, L. (1962) Espace postural et espace environnant: le schéma corporel, *Enfance*, **1**, 1-33.

Wallon, H. & Lurçat, L. (1987) *Dessin, espace et schéma corporel chez l'enfant*. Paris: Les éditions ESF.

コラム5　ワロンとその教え子たち（2）： リリアン・ルルサ

　第6章で取り上げたように，ワロン最晩年の共同研究の若きパートナーの一人が，リリアン・ルルサである。ワロンの生涯の著書・論文264編のうち共著論文は18編に過ぎないが，そのうちの11編が1957年から没年である1962年までの短い期間に刊行されており，しかも，そのうち5編がリリアン・ルルサとの共著論文である点は，注目に値する（Zazzo, 1975/1978）。ワロンは，自動車事故により1954年以降車椅子生活を余儀なくされていたにもかかわらず，50歳近い年齢差の彼女に対して毎週1回，まったく対等かつ丁寧に研究上の話し相手を務めたという。彼女は，ワロンの文字通り最後の教え子である。

　実は，リリアン・ルルサは筆者の恩師でもある。筆者は1983年9月から1985年8月まで2年間，彼女の指導のもとにパリで研究生活を送った。彼女と一緒に，移民の子どもが過半を占めるパリ18区の幼稚園に週2回通い，彼

パリ18区の幼稚園でのリリアン・ルルサ
（1985年3月，筆者撮影）

女が自らの実験的観察研究を行っている傍らで，描画の運動技能的基礎の発達を調べる実験などを行った。彼女はまったくデモクラットな人だった。筆者に対して，自分の研究を手伝うよう求めたりしたことは一度もない。研究フィールドを提供し，必要に応じて助言を与え，研究上・生活上のさまざまな便宜を図ることに徹してくれた。その上で，2年の間，幾度となく自宅に招き家族の一員同様に遇してくれたことを，筆者は今も感謝の念と共に思い出す。

　ルルサという名字は結婚によって得た姓で，この生粋のラテン的な名字はフランスではジャン・ルルサ（Jean Lurçat）の名と共に記憶されている。ジャン・ルルサは中世の伝統的なタピスリー（英語ではタペストリー）を20世紀前半の現代美術の一ジャンルとして蘇らせた芸術家として名高い。そのジャンは，リリアンの夫フランソワの伯父にあたる。リリアン自身は，1928年にパレスチナで生まれ，1歳のとき両親と共にフランスに移住したユダヤ系である。それゆえ，彼女とその家族の歴史は，20世紀前半のユダヤ人の苦難の歴史と重なっている。[1]

　リリアンの父ヨセフ・クルツ（Joseph Kurtz）はポーランド出身のユダヤ人で，1910年代の終わりから1920年代初めにロシアから東欧にかけて

1）　リリアン・ルルサは自らの前半生を筆者に語ることはなかったし，最近までその経験を活字に残すこともなかった。もちろん，筆者は滞仏の早い時期から彼女がユダヤ系であることを知っていたし，彼女の「パリで最も好きな場所」＝マレ地区のユダヤ人街を一緒に散歩したこともある。しかし，子ども期や大戦中の思春期に彼女とその家族がどのように歴史に翻弄されたかについては，まったく知る機会がなかった。ところが，本書の原稿を準備している2015年2月に，筆者はたまたまインターネット上の「Vue de Jerusalem（エルサレムからの眺め）」（http://vudejerusalem.20minutes-blogs.fr/liliane-lurcat/）という親イスラエルのブログサイトに，80歳後半を迎えた彼女がその一生を振り返るエッセイを連載しているのを見つけてそれを読み，とても大きな感銘を受けた。以下の記述はその情報を大幅に用いている。

吹き荒れたポグロム[2]を逃れて，パレスチナに移った。しかし，そこは願っていたような安住の地とならず，家族（父母，兄マナヘム，生まれたばかりのリリアン）は再び1929年にフランスに移住することになる。パリでは，父は金属加工工場の肉体労働者として働き，母は手押し車に食料品を積んで売り歩く行商人だった。貧しい中でもさらに貧しい最底辺の生活であったという。しかし，幸いなことに，19世紀末から20世紀初頭にかけてフランスにおいていち早く実現した，平等・無償・非宗教を原則とする教育制度[3]のおかげで，兄とリリアンはフランス人の子どもと変わらぬ初等・中等教育を受けることができた。その結果，二人は母語のイディッシュ語や家庭のユダヤ文化へのアイデンティティを幾ばくかは失うことになったであろう。しかし一方で，後の心理学者リリアン・ルルサの誕生は，フランス革命以来のこの共和主義的な教育の機会均等理念の恩恵なくしてはありえなかったはずである。

リリアンが11歳のとき，1939年9月に第二次世界大戦が勃発した。独仏の戦線は開戦後しばらく膠着状態が続いたが，翌年5月にはドイツ軍は雪崩をうってフランスに侵入し，6月にはあっという間にパリに無血入城した。以後，フランスの北半分はドイツの占領下におかれることになる。フランスで本格的なユダヤ人迫害が始まるのは，それから1年後の1942年5月のことであり，7月には一斉検挙が開始された。リリアンの父が逮捕されたのは，このときであったと思われる。レジスタンスに加わって身を隠していた3歳

---

2) ユダヤ人に対する組織的な暴力をさすロシア語。
3) 王政を打倒したフランス革命後，19世紀を通じて，学校教育をカトリックの支配下からいかに切り離すかが，共和派にとって共和国の基盤を固めるための焦眉の課題であった。こうした流れの中で，1881年にはフェリー（Ferry）法によって，世界に先駆けて初等教育の義務化・無償化・非宗教化が宣言され，1905年には完全な政教分離の近代的教育制度がフランスにおいて実現した（Troger & Ruano-Borbalan, 2005）。その結果，1930年代には，ユダヤ人の移民家庭に育ったリリアン・ルルサにも，学校教育の門戸は平等に開かれていた。

上の兄も，2カ月後にやはりつかまりパレスチナ送還となる。逮捕を逃れた母娘も，以後はユダヤ人の標識となる黄色の「ダビデの星」マークを胸につけなければ，外出できなくなった。そして1年半後の1944年1月20日の夜，母と16歳になったリリアンにもついに逮捕の手が伸びる。灯火管制下のパリの凍てつく暗い通りの中の行進，同類のユダヤ人でいっぱいとなった警察署内，漂うトイレの悪臭の記憶……，そして，ドランシー（Drancy）の強制収容所への移送……。

ドランシーの収容所はパリ北東部にあり，当時はここから連日のようにアウシュビッツ（Auschwitz）その他の収容所に向けて列車が出発していた。ドランシーは，文字通り「アウシュビッツの控えの間」であった。最初の移送列車が出た1942年3月からパリ解放1週間前の1944年8月の最後の移送までの間に，67,000人のユダヤ人がここから死地に赴いたとされている（渡辺，1994）。

ドランシーは，多くのユダヤ人たちにとって通過地点でしかなかった。しかし，リリアンたちはなぜか例外的に2カ月間もここに留め置かれたあと，ヴィッテル（Vittel）にある交戦国（英米・ソ連など）の囚人収容所に移された。これは恐らく，リリアンが当時イギリスの保護領であったパレスチナ生まれであったので，イギリス保護下の民と見なされ，東欧からの直接の移民やフランス国籍を取得していた他のユダヤ人より，慎重な扱いを受けることになったせいかもしれない。つまり，1944年には既に戦局はドイツにとって不利に傾いており，枢軸国側から盛んに終戦工作が行われるようになっていた。そのため，講和交渉や終戦後も視野に入れると，交戦相手の主要国の捕虜およびその保護民に対して，これまでと同じ無謀冷酷な扱いを控える空気が生まれていたからではないかと思われる。

コラム5　ワロンとその教え子たち（2）

　パリが解放されてから2カ月後の1944年10月21日，リリアンは長い収容所生活からやっと解放された。ドランシーとヴィッテルの両方を合わせて9カ月に及ぶ死と隣合わせの毎日からの解放だった。

　「収容所では，私はずっと16歳だった。でも，私の青春は収容所に置き去りにされたままで戻らない」

　2014年7月16日付け「エルサレムからの眺め」のブログで，86歳の彼女はこのように書いている。

　戦争が終わって，その後のリリアン・ルルサがどのようにして高等教育への道を歩むことができたのか，なぜ心理学を選んだのか，どのようにしてワロンと出会ったのか，その詳細はわからない。しかし，人生の終わりに近づいた彼女のブログを読んで，筆者が改めて感じるのは，戦後の彼女の出発が私たちの想像を越える経験を経た，希望と緊張に満ちたものであったろうということである。60歳後半になってレジスタンスを戦い，「ランジュヴァン＝ワロン計画」によって戦後の理想的な教育プランを描いたワロンは，リリアン・ルルサにとってまさに希望の灯火であったろうし，その灯火を受け継ごうとする彼女の意志も，半端なものでなかったに違いない。また，ワロン自身にも，辛うじて戦争を生き延びたユダヤ系の若い人々への特別な感情があったのではないかと想像される[4]。悲惨な歴史の体験をくぐって，それでも世代から世代へと人間と社会への信頼と希望をバトンタッチしていく，そのような師弟関係が成り立つことを，ワロンもリリアン・ルルサも願ったのではないだろうか。

4）　ワロンの没後，ワロンが創刊した『子ども期（Enfance）』の編集責任者をザゾと共に引き継ぎ，ワロンの著作を後世に残すことに最も熱心であったグラチオ＝アルファンデリ女史もユダヤ系であり，大戦中は逃亡生活を余儀なくされた。ワロンは彼女にも支援を惜しまなかった（Gratiot-Alphandéry, 1992）。

引用文献

Gratiot-Alphandéry, H. (1992) Autobiographie d'Hélène Gratiot-Alphandéry. Parot, F. & Richelle, M. (Éds.) *Psychologues de langue française: Autobiographie.* (pp.31-49). Paris: P.U.F.

Troger, V. & Ruano-Borbalan, J.-C. (2005) *Histoire du systeme éducatif.* Paris: P.U.F.

渡辺和行 (1994) ナチ占領下のフランス——沈黙・抵抗・協力. 東京：講談社.

Zazzo, R. (1975) *Psychologie et Marxisme.* Paris: Denoël/Gonthier. (Zazzo, R. (1978) 心理学とマルクス主義——アンリ・ワロンの生涯と業績. (波多野完治・真田孝昭 訳) 東京：大月書店)

あ と が き

　アンリ・ワロンについて1冊の本が出せるとは，数年前には思ってもいなかった。今でも，「私は彼の思想の何をわかっているのだろうか」と自問したくなる気持ちがある。もちろん，長い時間をかけて，ワロンの子どもの見方や発達の見方，表象機能の発生に果たす姿勢機能の役割について，私なりに少しずつ理解できるようにはなってきた。しかし一方で，発達心理学の研究者として続けてきた認知発達の実証的研究に，そうした理解を生かせるようになったかというと，はなはだ心もとない。理論的な関心と実証研究の乖離は，私の中で依然として大きいし，何よりその乖離を埋めるワロンの著作そのものの勉強量が足らないことも，痛感する。

　しかしそれでも，この本が特に若い人たちに，なにがしかは役に立ってほしいと願わずにはいられない。そうでなければ，私の属する戦後生まれの団塊の世代が退場した後には，ワロンの名前は心理学史の片隅にすら残らないかもしれないと危ぶむからである。それではあまりに，もったいない。第2章で論じたように，ワロンの発達思想は，現在の発達心理学の向かう方向性を問い直したり，蓄積された新しい知見を異なる視点から意味づけて総合的に理解しようとする人たちには，とても刺激的な内容を含んでいる。確かに，ワロンを読んだからといって，実証可能な仮説をそこから引き出して，すぐに特定のリサーチ・ワークを展開できるわけではない。具体的な指針をそこから演繹して，すぐに臨床実践や教育実践の場で役に立てられるわけでもない。しかし，それでも私たちは，他のどんな心理学の理論にもない，世界や人間の別の「見方」をワロンから学ぶことができる。ワロンとは，子どもを知る，また私たち自身を知るためのユニークな「視点」であり，「発見の方法」なのだ。そのことを新しい世代に伝えていく架け橋に，本書が少しでもなれば，こんなに嬉しいことはない。

本書は，中村和夫氏より発達理論の本の出版のためにワロン紹介の原稿執筆を依頼されたことが，最初のきっかけとなっている。ところが，筆者はその原稿をなかなか仕上げることができず，結局，中村氏にも，福村出版の宮下基幸氏にも，多大なご迷惑をおかけすることになってしまった。このような事態に至ったにもかかわらず，その後，宮下氏からワロンについて単著の出版のお誘いをいただいた。氏のこのご厚意がなければ，また，中村氏の引き続きの励ましがなければ，本書の刊行は実現しなかったであろうことを考えると，お二人には感謝のことばもない。

1983年のフランス留学に始まる，筆者のワロンとの長い付き合いを支えてくださった方々にも，感謝を申し述べたい。

本書のコラムでも紹介したリリアン・ルルサ先生。30年余にわたる交流の中で常に筆者に援助を惜しまなかったフィリップ・ワロン氏（氏は，今回の本の出版にあたっては，ワロン家の貴重な写真資料を提供してくださった）。筆者が未見のワロンの論文多数を提供してくださったエミール・ジャレイ先生。1986年から10年間続いた「ピアジェ－ワロン研究会」のメンバーだった故足立自朗先生と故日下正一氏。現在の「ワロン研究会」の仲間である間宮正幸氏，亀谷和史氏，前田晶子氏。そして，いつもその真摯なワロン研究への姿勢から刺激を受け続けてきた坂元忠芳先生。ワロンへのこだわりを筆者が細々とながらも今日まで持ち続けることができたのは，この方々のおかげである。

ここではさらに一人ひとりのお名前を挙げることができないが，他にもたくさんの方々から直接に，あるいは間接に，本書のためとなる貴重な情報提供や励ましをいただくことができた。記して謝意を表したい。

本書は，第1章と第4章，コラム3～5を除いては，筆者がこれまで折にふれて発表してきた論文が基になっている。ただし，当然のことながら章間の繋がりを考えて各章の導入部分は書き換えたり，重複することになる部分は削ったりした。基になった論文の一覧は以下の通りである。

第1章　アンリ・ワロンの人と生涯【新規書き下ろし】
第2章　アンリ・ワロンの発達思想の現代性【以下を一部書き換え】
　　　加藤義信（2014）モダンとポストモダンの視点からみたアンリ・ワロンの発達論の二重の現代性．心理科学，35(1)，1-10．
第3章　アンリ・ワロンの発達論はなぜ難解か？【以下を一部書き換え】
　　　加藤義信（2001）アンリ・ワロンの発達論はなぜ難解か．北海道大学大学院教育学研究科教育臨床心理学研究グループ，教育臨床心理学研究，2，3-13．
第4章　アンリ・ワロンの発達思想のエッセンス【新規書き下ろし】
第5章　アンリ・ワロンの表象発生論【以下を一部書き換え】
　　　加藤義信（2007）発達の連続性 vs. 非連続性の議論からみた表象発生問題．心理科学，27(2)，43-58．
第6章　アンリ・ワロンの描画発達論【以下を一部書き換え】
　　　加藤義信（2005）Henri Wallon と Liliane Lurçat の描画発達研究について．日仏教育学会年報，11，75-85．
コラム1　制度形成史的観点から見たフランス心理学（1）
コラム2　制度形成史的観点から見たフランス心理学（2）
　　　【上記二つとも，加藤（2005）の前半の一部を利用】
コラム3　ワロンとピアジェ【新規書き下ろし】
コラム4　ワロンとその教え子たち（1）【新規書き下ろし】
コラム5　ワロンとその教え子たち（2）【新規書き下ろし】
資料1　アンリ・ワロン年表【以下を一部書き換え】
　　　加藤義信（2014）アンリ・ワロン（Henri Wallon）年表．心理科学，35(1)，30-37．
資料2　アンリ・ワロン邦訳図書・関連書一覧【新規作成】

　10年以上にわたって発表した諸論考がベースになっているため，各章間に主張の力点の置き方や観点の微妙な違いも散見されると思う。1冊の本にするにあたって，各章間の整合性に努め全体の一貫性を図ったが，なおかつ「おや？」と思われる部分や誤りがあれば，ご指摘いただけると幸いである。

2015年9月

加藤義信

資料1　アンリ・ワロン年表

年表の作成に当たっては，以下の点に留意した。
- 主に下記の文献を参考にして作成した。これらの文献からの情報でない場合は，注を付して補った。なお，ワロンの著作は，『』付きで示した。
- 人名と地名は，原則として，初出の場合にフランス語表記を入れた。ただし，国名やよく知られた都市名（パリ等）は，この限りでない。
- 右の欄に「世界の出来事」を記した。この中に重要な心理学史的事実も組み入れた。なお，このために使用した文献は，10，12，13である。

年表作成のための参考文献

1. Bautier, E. & Rochex, J.-Y.（1999）*Henri Wallon: L'enfant et ses milieux*. Paris: Hachette.
2. Gratiot-Alphandéry, H.（1976）Introduction. Gratiot-Alphandéry, H.（Éd.）*Lecture d'Henri Wallon.*（pp.7-39）. Paris: Éditions Sociales.（グラチオ＝アルファンデリ，H.（編）（1983）序文．ワロン選集・上．（波多野完治 監訳）（pp.9-52）東京：大月書店）
3. Gratiot-Alphandéry, H.（1992）Autobiographie d'Hélène Gratiot-Alphandéry. Parot, F. & Richelle, M.（Éds.）*Psychologues de langue française: Autobiographie*.（pp.31-49）, Paris: P.U.F.
4. Jalley, É.（1982）Introduction à la lecture de la vie mentale. Jalley, É.（Éd.）*Wallon: La vie mentale*. Paris: Éditions sociales.
5. Jalley, É.（2006）*Wallon et Piaget pour une critique de la psychologie contemporaine*. Paris: L'Harmattan.
6. Jalley, É. & Maury, L.（1990）*Henri Wallon: Psychologie et dialectique*. Paris: Messidor/Éditions Sociales.
7. Malrieu, Ph.（1981）Extraits de la correspondance d'Henri Wallon à Henri Daudin. *Hommage à Henri Wallon pour le centenaire de sa naissance*. Travaux de l'Université de

Toulouse-le Mirail, Série A, Tome XIV. 169-190.
8. Maury, L.（1995）*Wallon: Autoportrait d'une époque*. Paris: P.U.F.
9. 坂元忠芳（2013）アンリ・ワロンにおける人間発達思想の誕生 第一部・第二部・第三部．私家版．
10. 柴田三千雄・樺山紘一・福井憲彦（1995）フランス史3：19世紀なかば〜現在．東京：山川出版社．
11. Wallon, H. et. al.（1959）Entretien avec Henri Wallon. *La Nouvelle Critique*, **108**, juillet-août 1959.（In *Enfance*, **1-2** janvier-avril 1968, 17-29.）
12. 渡辺和行（1994）ナチ占領下のフランス——沈黙・抵抗・協力．東京：講談社．
13. 山上正太郎（2010）第一次世界大戦——忘れられた戦争．東京：講談社．
14. Zazzo, R.（1975）*Psychologie et Marxisme*. Paris: Denoël/Gonthier.（ザゾ，R（1978）心理学とマルクス主義——アンリ・ワロンの生涯と業績．（波多野完治・真田孝昭 訳）東京：大月書店）
15. Zazzo, R.（1983）*Où en est la psychologie de l'enfant?* Paris: Denoël/Gonthier.
16. Zazzo, R.（1992）Autobiographie de René Zazzo. Parot, F. & Richelle, M.（Éds.）*Psychologues de langue française: Autobiographie*.（pp.51-77）．Paris: P.U.F.
17. Zazzo, R.（1993）Henri Wallon: Souvenirs. *Enfance*, **1/1993**, 3-12.

年　表

年（年齢）	アンリ・ワロンの歩み	世界の出来事
1879年 （0歳）	・（6月15日）パリ（15区）で北フランスにルーツを持つブルジョワの家庭に生まれる。七人兄弟姉妹の三人目（シャルル Charles, ルイーズ Louise, アンリ Henri, ポール Paul, アンドレ André, エミール Émile, ジョルジュ Georges）[1]。 ・父ポール・ワロン（Paul Wallon, 1845-1918, 美術学校 École des Beaux Arts 出身）は建築家。母はゾフィー（Sophie, 1849-1905, 北フランスのアラス Arras 生まれ）。祖父アンリ・アレクサンドル・ワロン（Henri Alexandre Wallon, 1812-1904, 北フランスのヴァレンシエンヌ Valenciennes 生まれ）はミシュレ（Michelet, J.）の弟子の歴史学者でパリ大学教授。奴隷制研究で有名。後に政界入りし、カリブ海のフランス領グアドループ（Guadeloupe）選出の下院議員となる。1875年の憲法に有名な修正条項を採択させ、第三共和政の礎を築く。 ・当時のワロン家の一族のほとんどは、パリの新興の高級住宅地域・17区に住み、ノルマンディの保養地プティット・ダール（Petites-Dales）には祖父の別荘があって、毎夏には一族が集まってその地で過ごす習慣があった。また、ワロンの兄弟姉妹七人はいずれも幼少時から何らかの楽器を習い、ワロンもピアノを弾くことができたという。	・（1881年）フロイト（Freud, S.）（26歳）、ウィーン大学卒業。
1885年 （6歳）	・（5月22日）ヴィクトル・ユゴー（Victor Hugo）の死。この日の夜、ワロンの父はユゴーの『懲罰詩集』を子どもたちに読んで聞かせ、翌日、兄とアンリを辻馬車に乗せて喪中のユゴーの家に連れて行った。そこで、ユゴーが専制者に反対した人であったことを説明したという。この記憶をワロンは自分の最も初期の大切な記憶として語っている。	・フロイト、パリに留学。シャルコー（Charcot, J.-M.）のもとで催眠療法を学ぶ。
1894年頃 （15歳頃）	・サン・ミシェル（St. Michel）街とゲイ・リュサック（Gay Lusac）街の角のアパルトマンに住む。 ・隣のアパルトマンにピエロン（Piéron, H.）が住んでいて、いっしょにルイ・ルグラン（Louis Le Grand）高等中学校に通う。	・（1896年）ピアジェ（Piaget, J.）とヴィゴツキー（Vygotsky, L. S.）が生まれる。 ・ドレフュス（Dreyfus）事件。

1898年頃 (19歳頃)	・高等師範学校（École Normale Supérieure）受験のための準備学級で，教師だったレヴィ＝ブリュール（Lévy-Bruhl, L.）と出会う．彼はワロンの生涯を通じての師となった．「(先生は) 学生の研究計画によく耳を傾け，それを独断的でも権威主義的でもなく，むしろ控え目な仕方で批評した．自分の研究について語るときも，学生を対等に扱って議論した．常に真理に至ろうとして，自分の誤りを認めることを躊躇しない，本物の学者，思想家であった」．これは，後年，ワロンの弟子たちがワロンについて語ったことと，そっくり同型である．	・ゾラ（Zola, É.），ドレフュス事件に関する公開状を発表． ・キュリー夫人（Curie, M.），ラジウム発見．
1899年 (20歳)	・高等師範学校入学． ・心理学を志す．「心理学を勉強しようと決意したのは，どんな外的影響とも無関係です．デュマ（Dumas, G.）やナジョット（Nageotte, J.）やジャネ（Janet, P.）と出会ったときには，既にもう心理学をめざすことを決めていました．その選択をした頃のことを振り返ってみますと，私が心理学を選んだのは，むしろ（私自身の）もともとの性向，態度によると言えます．心理学は，私にとって，はじめは好みの問題，周りの人々の行動の動機や理由を知りたいと思う個人的な好奇心の問題だったのです．」（文献11, p.17）． ・リボー（Ribot, T.）がそこで若い心理学徒をリクルートしていた．リボーは1888年からコレージュ・ド・フランス（Collège de France）の教授．フランスにおける当時の実験心理学の推進者．ワロンは実験心理学者であったことはなく，あくまで臨床家であった．しかし，実験心理学に敵対ないし直接的批判を加えたということではない．（後に1959年にワロンは当時を回想して，「リボーとは1回会ったことがあるが直接的関係はなかった」と証言）． ・哲学教授ロー（Rauh, F.）の影響を受ける．フランスはドレフュス事件をめぐって世論が二分されていた時期に当たり，ローは哲学が日々の社会的現実と向き合う学問であることを，ドレフュスの無罪判決を求める戦いに加わることによって，学生たちに身をもって示した． ・この時期のワロンの社会主義思想への接近は，高等師範学校の図書館司書エル（Herr, L.）の影響を受けたと思われる．	・ドレフュス，再審で有罪判決，その後特赦．

1900年 (21歳)	・高等師範学校で2歳年下のドダン（Daudin, H.）との間に友情が生まれ，以後，20年以上にわたって，頻繁な文通が行われる。ドダンは哲学から進化論に興味を移し，ボルドー大学で科学史を講じた人であるが，人文学と自然科学の接点で人間理解を追究しようとする姿勢が，ワロンと共通していた。	・パリ万国博覧会。 ・パリ・オリンピック。 ・（中国）義和団の乱。
1902年 (23歳)	・哲学教授資格取得。パリの東方225kmにある小さな町バール・ル・デュック（Bar-le-Duc）のリセに哲学教師として着任。	・ジョレス（Jaures, J.），フランス社会党結成。
1903年 (24歳)	・バール・ル・デュックのリセの教師を辞めて，医学の勉強を志す。	・ライト（Wright）兄弟，初飛行。
1904年 (25歳)	・（11月13日）祖父アンリ・ワロン死去。	・日露戦争（-1905）。
1905年 (26歳)	・（8月30日）母ゾフィー死去。	・ロシア，「血の日曜日」事件。
1907年 (28歳)	・「第17区の兵士たち」を支持する示威運動中に逮捕され，レヴィ＝ブリュールの個人的な努力で釈放される。	・英仏露三国協商成立。
1908年 (29歳)	・ビセートル病院（Bicêtre）およびサルペトリール病院（Salpêtrière）でナジョットの助手になる（1931年まで）。ここでの観察が，後に『騒がしい子ども（L'enfant turbulent）』の第三部になる。 ・《被害妄想（Délire de persécution）》をテーマとして医学博士論文（thèse de médecine）を執筆。指導教授のデュプレ（Dupré, E.）によって審査がさんざん引き延ばされた後，12月に医学博士の学位取得。評価は"優（très bien）"であった。	
1914年 (35歳)	・（8月3日）従軍医として出征（1915年半ばまで，北部戦線の塹壕戦の前線で働く。その後も，1918年まで衛生隊長として従軍）。	・（7月28日）オーストリア，セルビアに宣戦布告。 ・（8月3日）ドイツ，フランスに宣戦布告。第一次世界大戦開始。
1915年 (36歳)	・（7月13日）5歳違いの弟アンドレ，北部戦線（Courtmont, Meuse）にて戦死。	
1917年 (38歳)	・（9月15日）ジェルメーヌ（Germaine）と結婚。父ポールはこの結婚に反対した。ジェルメーヌが庶民階層の出身であったからとされる。なお，彼女は14歳年下で，とても明るく陽気な（gaie）人であったという。	・（11月7日）ロシア革命。ソビエト政権成立。

1918年 (39歳)	・(2月1日) 父ポール死去。	・(11月11日) 連合国とドイツとの休戦協定。第一次世界大戦終わる。
1920年 (41歳)	・パリ大学ソルボンヌの講師 (Chargé de cours)。児童心理学を講ずる (1937年まで)。ワロンは，ソルボンヌでは1937年まで非常勤職扱いのこの職階に留まった。なお，当時，ビネ (Binet, A.) の研究室のシモン (Simon, T.) のもとで知能テストの標準化の仕事を手伝っていたピアジェは，メイエルソン (Meyerson, I.) の講義と共に，ワロンの初期の頃の講義を聴講したという (文献5)。	・(1919-1920年) ピアジェ，パリで研究に従事。 ・国際連盟発足。
1925年 (46歳)	・『騒がしい子ども (L'enfant turbulent)』によって文学博士号取得。 ・パリの郊外，ブローニュ・ビヤンクール (Boulogne-Billancourt) に児童心理生物学研究室 (laboratoire de psychobiologie de l'enfant) を創設。	・(日本) 治安維持法公布。 ・スターリン (Stalin, I. V.)，権力掌握。
1926年 (47歳)	・『病理学的心理学 (Psychologie pathologique)』	・(日本) 昭和時代の始まり。
1927年 (48歳)	・フランス心理学会会長 (Président de la Société Française de Psychologie)。	
1928年 (49歳)	・(5月17日) フランス哲学会シンポジウムにおいて，ピアジェの報告『子どもの思考の三つのシステム』を批判。ピアジェ-ワロン論争の始まり。	
1929年 (50歳)	・国立労働・職業指導研究所教授 (Professeur à l'Institut National d'Étude du Travail et d'Orientation Professionnelle)。 ・新教育運動の機関紙『新しい時代のために (Pour l'ère nouvelle)』誌に初めて寄稿。論文タイトルは「性格の神経学的構成要素 (Les composantes neurologiques du caractère)」。以後，1952年まで同誌に22編を寄稿。教育に関する関心と発言がこれ以後，活発になる。	・世界大恐慌始まる。
1930年 (51歳)	・『応用心理学の原理 (Principes de Psychologie appliquée)』 ・ポンティニー修道院 (L'abbaye de Pontigny, シトー派の修道院) で，「子ども・動物・未開人」の研究会を企画・運営することを依頼される。この研究会には，ピアジェ，ラカン (Lacan, J.)，ラガッシュ (Lagache, D.) や，作家のマルタン・デュ・ガール (Martin du Gard, R.) などが参加した (文献3)。	・ロンドン海軍軍縮会議。

1931年 (52歳)	・"新しいロシア"サークル（Cercle de la Russie neuve）のメンバーとなる。 ・(7月) モスクワで開かれた第7回国際心理工学会大会（Congrès International de Psychotechnique）参加のためソビエト連邦に最初の旅行。妻ジェルメーヌと共著で『形態の表象と迷路学習（La représentation des formes et l'apprentissage des labyrinthes）』と題する研究発表を行う。	・世界恐慌，フランスに波及。 ・満州事変。
1933年 (54歳)	・奨学金を得てフロイトのもとに留学しようとしたザゾ（Zazzo, R.）に，ヒトラー（Hitler, A.）が政権を得た時期にドイツ語圏へ行くことを延期し，アメリカのゲゼル（Gesell, A）のもとへ行くよう助言。ザゾはそれに従う。	・(1月30日) ヒトラー，政権を掌握。
1934年 (55歳)	・アラン（Alain, E.）やランジュヴァン（Langevin, P.）によって創設された「反ファシスト知識人による監視委員会（Comité de Vigilance des Intellectuels antifascistes）」に参加。 ・『子どもにおける性格の起源（Les origines du caractère chez l'enfant）』	・(6月11日) ヴィゴツキー死去。
1936年 (57歳)	・ロシアの心理学者ルリア（Luria, A.），4月27日付のフランス語の手紙でヴィゴツキー特集号への寄稿に対して謝意（どのような原稿であったのかは不詳。特集号は，その後，発刊されなかった可能性が高い[2]）。 ・パリでのスペイン内戦座談会で，小島威彦，井上清一，毎日新聞パリ特派員・城戸又一と同席（ロバート・キャパ［Robert Capa］による写真あり[3]）。	・(2月26日) 2.26事件 ・(5月3日) フランスの総選挙で人民戦線派が勝利。 ・(7月17日) スペイン内戦始まる。
1937年 (58歳)	・コレージュ・ド・フランス教授に就任（1949年まで）。ワロンは自ら社会的な地位を望まない人であったが，高等師範学校同窓生のピエロンやフェーブル（Febvre, L.）の力があり，2回目の推挙でこの就任が叶ったという。	・(7月7日) 盧溝橋事件，日中戦争始まる。 ・(11月6日) 日独伊防共協定。
1938年 (59歳)	・『精神生活（La vie mentale）』	・ドイツ，オーストリアを併合。 ・フロイト，ロンドンに亡命。
1939年 (60歳)	・給費留学生として渡仏した中村光夫（文芸評論家），コレージュ・ド・フランスでワロンの講義を受講[4]。 ・児童心理生物学研究室，パリの国立職業指導研究所（Institut National d'Orientation Professionnelle [INOP], 41, rue Gay-Lussac）の5階に移転。ワロンは，ここで毎週木曜日，子どもの心理相談を続ける。	・(9月1日) ナチス・ドイツ，ポーランドに侵入。第二次世界大戦始まる。 ・(9月23日) フロイト死去。83歳。

1940年 (61歳)	・(3月29日) 共産党代議士たちの訴訟のために，弁護の証言台に立つ。 ・(10月30日) 物理学者ランジュヴァンが逮捕される。これに抗議する学生・大学人のデモが組織され，非合法抵抗運動の機関紙「自由の大学（L'université libre）」が発刊される。ワロンはこれに協力。	・(6月14日) ドイツ軍，パリを占領。 ・(7月11日) ヴィシー傀儡政権成立。国土の北半分はドイツ軍の占領地区となる。
1941年 (62歳)	・ヴィシー政府の教育大臣カルコピーノ（Carcopino, J., ワロンの高等師範学校での同級生）によってコレージュ・ド・フランスでの講義を禁じられる。 ・(5月) レジスタンス組織・大学国民戦線（Front National Universitaire）に設立当初より参加。 ・『子どもの精神的発達（L'évolution psychologique de l'enfant）』	・(6月22日) ドイツ，ソ連に侵入。 ・(12月8日) 真珠湾攻撃，太平洋戦争始まる。
1942年 (63歳)	・(5月23日) ドイツ軍によって哲学者ポリッツェル（Politzer, G.）と物理学者ソロモン（Solomon, J.）（いずれも大学国民戦線の機関紙の編集責任者で共産党員）が銃殺される。 ・その直後，非合法のフランス共産党に入党。レジスタンスの戦いに加わる。非合法活動の偽名はユベール（Hubert）。 ・『行為から思考へ（De l'acte à la pensée）』	・フランスでユダヤ人狩り始まる。
1944年 (65歳)	・(春) ゲシュタポの捜索が心配されたので，ザゾの助言によって，一時，トリニテ（Trinité）街の老夫婦のアパルトマンに身を隠すも，数日で自宅に戻る。 ・(8月20日) レジスタンス国民会議（le Conseil national de la Résistance）によって国民教育省事務総長（Secrétaire général à l'Éducation Nationale）に任命されたワロンは，パリ解放の戦闘中，レジスタンス側が占拠した教育省に到着し，4年半ぶりに三色旗が教育省に翻る。 ・(11月8日) 国民教育省の諮問機関・教育改革検討委員会（Commission d'études pour la réforme de l'enseignement）の委員に任命される。委員長はランジュヴァン，ワロンは副委員長（ランジュヴァン＝ワロン計画 Plan Langevin=Wallon の検討開始）。	・(6月6日) 連合国，フランスのノルマンディに上陸作戦開始。 ・(8月25日) パリ解放。
1945年 (66歳)	・暫定諮問会議の国民戦線代表（Délégué du Front National à l'Assemblée Consultative Provisoire）。 ・『子どもにおける思考の起源（Les origines de la pensée chez l'enfant）』	・(5月8日) ドイツ降伏。 ・(8月15日) 日本降伏。

1946年 (67歳)	・パリ選出国会議員（Député de Paris）。 ・(12月) ランジュヴァンの死去に伴い，教育改革検討委員会の委員長に昇格。	・フランス第4共和政に移行。
1947年 (68歳)	・(6月19日) 国民教育相に教育改革検討委員会の検討結果報告書を提出（通称「ランジュヴァン＝ワロン計画」）。 ・フランス新教育集団（Groupe français d'Éducation nouvelle）会長。	・ヨーロッパ復興のためのマーシャル・プラン発表。
1948年 (69歳)	・子ども研究の学術誌『子ども期（Enfance）』創刊。 ・エジンバラ（Édimbourg）での国際心理学会（Congrès International de Psychologie）に参加（ピアジェも参加）。	
1949年 (70歳)	・コレージュ・ド・フランスを退職。 ・国際教職員組合連合（Fédération internationale des Syndicats de l'enseignement）会長（没年まで）。	・中華人民共和国成立。
1950年 (71歳)	・ポーランドのクラコフ（Cracovie）大学教授（1952年まで）。	・(6月25日) 朝鮮戦争勃発。
1951年 (72歳)	・フランス医学的心理学会会長（Président de la Société Médico-psychologique）。 ・『記憶のメカニズム（Les méchanisme de la mémoire）』（シュミールニスキー [Evart-Chmielniski, E.] との共著）。	・サンフランシスコ対日講和条約。
1953年 (74歳)	・(3月25日) 妻ジェルメーヌ死去。	・スターリン死去。
1954年 (75歳)	・児童心理学国際会議（Journées Internationales de Psychologie de l'enfant），ワロンを会長としてパリで開催。 ・この会議の直後，自動車事故により負傷。2度の手術も空しく，以後，歩行困難で車椅子を離れることのない生活となる（週1回の医療・心理相談は死去の前日まで続ける）。 ・フランス教育学会会長（Président de la Société Française de Pédagogie）。	・インドシナ停戦協定。 ・アルジェリア戦争始まる。
1956年 (77歳)	・フランス共産党指導部に宛てた《10人の手紙》にピカソ（Picasso, P.）らと共に署名。手紙は，ハンガリー動乱に際してソ連の介入を支持した指導部の見解に疑問を投げかけ，臨時党大会の召集を呼びかけるものであった。	・(10〜11月) ハンガリーで反ソ暴動。ソ連軍ハンガリーに侵攻。ブダペストの惨劇。

1962 年 (83 歳)	・(12月1日) 死去。 ・(12月4日) 葬儀，ノーベル化学賞受賞者で共にレジスタンスを闘ったジョリオ＝キュリー (Joliot-Curie, F.) が弔辞を読む。	・(1959 年) ド・ゴール (de Gaulle, Ch.) 大統領就任。 ・キューバ危機。

脚注
1) ワロン家の成員のファースト・ネームおよび生年，没年は，フィリップ・ワロン氏よりいただいた家系図を参照した。
2) 特集号のその後については，中村和夫氏からご教示を得た。
3) 中村隆一氏のご教示による。
4) 中村光夫 (1982) 戦争まで．中公文庫．

資料2 アンリ・ワロン邦訳図書・関連書一覧

ワロンが生涯に執筆した著書・論文の信頼できるリストは，Zazzo (1975/1978) の巻末に掲載されているので，参照されたい（以下の〈ワロン紹介本の翻訳〉の 2. を参照）。

〈著書〉
1. 滝沢武久（訳）(1965) 精神病理の心理学．東京：大月書店．
 Wallon, H. (1926) *Psychologie pathologique.* Paris: Librairie Félix Alcan.
2. 滝沢武久（訳）(1966) 応用心理学の原理．東京：明治図書．
 Wallon, H. (1930) *Principes de psychologie appliquée.* Paris: Armand Colin.
3. 久保田正人（訳）(1965) 児童における性格の起源．東京：明治図書．
 Wallon, H. (1934) *Les origines du caractère chez l'enfant.* Paris: P.U.F.
4. 波多野完治（監訳）(1956) 精神発達の心理学．東京：大月書店
 竹内良知（訳）(1982) 子どもの精神的発達．東京：人文書院．
 Wallon, H. (1941) *L'évolution psychologique de l'enfant.* Paris: Armand Colin.
5. 滝沢武久（訳）(1962) 認識過程の心理学．東京：大月書店．
 Wallon, H. (1942) *De l'acte à la pensée: Essai de psychologie comparée.* Paris: Flammarion.
6. 滝沢武久・岸田秀（訳）(1968) 子どもの思考の起源 上・中・下．東京：明治図書．
 Wallon, H. (1945) *Les origines de la pensée chez l'enfant.* Paris: P.U.F.

＊ワロンは，生涯に 8 冊の単著を出版したが，そのうちの上記 6 冊が邦訳されている。邦訳本がないのは，以下の 2 冊である。7. は医学博士論文，8. は文学博士論文の出版である。とりわけ 8. はワロン発達論の誕生を告げる記念碑的な書物であり（坂元，2008），かつて浜田寿美男氏らによって「H. ワロン『障害児 Enfant Turbulent』」というタイトルのもとに，その第一部「精神運動的発達の段階（Les stades du développement psycho-moteur）」とそれに対応する症例の一部が翻訳されている（雑誌『発達』に第 11 号（1982 年 7 月）から第 26 号（1986

年4月）まで掲載)。しかし，この本の残る第二部，第三部の翻訳は未完のまま残されている。

7. Wallon, H.（1909）*Délire de persécution: Le délire chronique à base d'interprétation.* Paris: J. Baillière.
8. Wallon, H.（1925）*L'enfant turbulent: Étude sur les retards et les anomalies du développement moteur et mental.* Paris: Félix Alcan.

＊なお，本書の準備も終わりに近づいた2015年4月に，エミール・ジャレイ先生とフィリップ・ワロン氏の編纂になる，『ワロン全集』と言ってよい下記の6巻本の論文集が，フランスにおいて出版された。この『全集』には，上記に挙げた著書のうち，3，4，5，6，8の主要著作は含まれていないが，今は入手不可能な1，2，7の著書を含むほぼすべてのワロンの論文が網羅されている。画期的な『全集』であるので，参考とされたい。

Jalley, É. & Wallon, Ph.（Éds.）（2015）*Henri Wallon: Oeuvres 1-6.* Paris: L'Harmattan.

〈論文集〉
1. 滝沢武久（訳）（1960）科学としての心理学．東京：誠信書房．
   所収論文：
   ・社会科学としての心理学――心理学における個人と社会の問題をめぐって
   （L'étude psychologique et sociologique de l'enfant. 1947）
   ・教育科学としての心理学――教育学における個人と社会の関係をめぐって
   （Sociologie et éducation. 1951）
   ・自然科学としての心理学――パブロフ学説を中心として
   （Pavlovisme et psychologie. 1955）
2. 波多野完治（監訳）（1983）ワロン選集 上・下．東京：大月書店．
   ＊以下の論文集の翻訳。
      Gratiot-Alphandéry, H.（Éd.）（1976）*Lecture d'Henri Wallon.* Paris: Éditions sociales.
   所収著書・論文：
   第一部 著作
   ・障害をもった子ども（〈著書〉8の「結論」部分の翻訳）

- 子どもにおける性格の起源（〈著書〉3 の抄訳）
- フランス百科辞典[1]
- 子どもの心理的発達（〈著書〉4 の抄訳）[2]
- 活動から思考へ（〈著書〉5 の抄訳）
- 子どもの思考のいくつかの起源（〈著書〉6 の抄訳）

第二部 論文
- 一般教養と職業指導（Culture générale et orientation professionnelle. 1932）
- 心理学における法則（La loi en psychologie. 1934）
- 十字路にある心理学（La psychologie à la croisée des chemins. 1935）
- 個人（L'individu. 1936）
- 教育の計画（Projet d'enseignement. 1934）
- 『過失の病的世界』序文（L'univers morbide de la faute; Préface à D. Hesnard. 1949）
- 子どもにおける前範疇的思考（La pensée précatégorielle chez l'enfant. 1952）
- 知覚行為と映画（L'acte perceptif et le cinema. 1953）
- 児童心理国際会議（Journées internationales de psychologie; Rapport inaugural. 1954）
- 就学前の年齢（L'âge préscolaire. 1956）
- パヴロフの研究の学説上の重要性（L'importance doctrinale de l'oeuvre pavlovienne. 1956）
- 行動主義から動機づけの心理学へ（Du behaviorisme à la psychologie de la motivation. 1959）

第三部 時評
- アガトーン「今日の若者たち」：ナショナリストの奇跡（Agathon: "Les jeunes gens d'aujourd'hui". Le miracle nationaliste. 1913）
- スペインの放棄，フランスの自殺（Abandon de l'Espagne, suicide de la France. 1936）

---

1) これは厳密に言うと，ワロンの著書ではない。『Encyclopédie française』の第 8 巻『精神生活（La vie mentale）』の編纂を委嘱されたワロンが，誕生から死に至るまでの人間発達の全体を視野にいれて自ら執筆した大部の辞典であり，1938 年に出版された。当該の論文集には，その「序」の部分と「老年期」の部分が再掲されている。

2) 〈著書〉4 は『子どもの精神的発達』となっているが，この〈論文集〉では「こどもの心理的発達」となっている。原タイトルの "psychologique" の訳し方が違うだけで，同じ文献である。

資料2　アンリ・ワロン邦訳図書・関連書一覧　213

- 共産党所属代議士の訴訟（Procès des députés communists. 1940）
- 教育の難題（Des problèmes de l'éducation. 1947）
- 職業教育と知性の陶冶（Apprentissage et formation intellectuelle. 1950）
- 児童精神生物学実験室（Le laboratoire de psychobiologie de l'enfant. 1953）
- あなたのいちばん大事な資産に気を配りなさい（Prenez soin de votre plus précieux capital. 1953）
- あなたが良い親であるかどうかを雑誌が教えるとき（Quand les magazines vous apprennent si vous êtes de bons parents. 1955）
- 老人の悲嘆もしくは希望（Tristesse ou espoir des vieux? 1955）
- フランスにおける教育（L'enseignement en France. 1963）

3. 浜田寿美男（訳編）（1983）ワロン／身体・自我・社会．京都：ミネルヴァ書房．
所収論文：
- 自我の水準とその変動（Niveaux et fluctuations du moi.1956）
- 『自我』意識のなかで『他者』はどういう役割をはたしているか（Le rôle de l'autre dans la conscience du moi. 1946）
- 子どもにおける社会性の発達段階．（Les étapes de la sociabilité chez l'enfant. 1952）
- 人間における器質的なものと社会的なもの（L'organique et le social chez l'homme. 1953）
- 子どもの精神発達における運動の重要性（Importance du movement dans le développement psychologique de l'enfant. 1956）
- 情意的関係——情動について（Papports affectifs: les émotions. 1938）
- 子どもにおける自己身体の運動感覚と視覚像（Kinesthésie et image visuelle du corps propre chez l'enfant. 1954）
- 子どもにおけるパーソナリティの発達段階（Les étapes de la personnalité chez l'enfant. 1956）
- 子どもおよび青年の知的発達の段階（Piaget, J. Les stades du développement intellectual de l'enfant et l'adolescent. 1956. ワロンの段階論との対比のために所収）

4. 竹内良知（訳）（1963）ワロン・ピアジェ教育論．東京：明治図書．
所収論文：
- 一般教養と職業指導（Culture générale et orientation professionnelle. 1932）
- 具体的教育学と児童心理学（Pédagogie concrète et psychologie de l'enfant.

1932）
- 児童における性格の起源（Les origines du caractère chez l'enfant. 1934.〈著書〉3 の「まえがき」の抜粋）
- 情緒の表現とそれの社会的目的（Les origines du caractère chez l'enfant. 1934.〈著書〉3 の抜粋）
- 学校における印刷[3]
- 科学と自由な人格の形成との関係（Les rapports de la science avec la formation des personnalités. 1936）
- テストの方法と性格の研究[4]
- 心理学と幼児教育（Psychologie et éducation de l'enfance. 1937）
- エミール，または教育について（Introduction à l'Émile. 1958）

5. 加藤義信・日下正一・足立自朗・亀谷和史（1996）ピアジェ×ワロン論争——発達するとはどういうことか[5]．京都：ミネルヴァ書房．

所収論文：
- 子どもの心理学的研究と社会学的研究（L'étude psychologique et sociologique de l'enfant. 1947）
- 再びピアジェ氏に応えて（Post scriptum en réponse à J. Piaget. 1951）

〈ワロン紹介本の翻訳〉

1. マルティネ，M.（著）山本政人・村越邦男（訳）（1991）情動の理論——アンリ・ワロン入門．東京：白石書店．
Martinet, M.（1972）*Théorie des émotions: Introduction à l'oeuvre d'Henri Wallon*. Paris: Éditions Aubier Montaigne.

2. ザゾ，R.（著）波多野完治・真田孝昭（訳）（1978）心理学とマルクス主義——アンリ・ワロンの生涯と業績．東京：大月書店．
Zazzo, R.（1975）*Psychologie et Marxisme: La vie et l'oeuvre d'Henri Wallon*. Paris: Éditions Denoël/Gonthier.

3）　邦訳本の註では，『新しい時代のために』1936 年 10 月号に掲載されたとあるが，Zazzo（1975/1978）にあるワロン著作一覧には，該当する論文が見当たらない．
4）　邦訳本の註では，『新しい時代のために』1937 年 1 月号に掲載されたとあるが，Zazzo（1975/1978）にあるワロン著作一覧には，該当する論文が見当たらない．
5）　ピアジェとワロンの論争の跡を丹念に辿った本で，論文の訳本ではないが，論争に関係する両者の論文訳も掲載されている．

〈ワロン研究の和書〉

1. 滝沢武久（1975）ワロン・ピアジェの発達理論．東京：明治図書．
2. 牧康夫（1982）人間探求の心理学．京都：アカデミア出版会．
3. 玉田勝郎（1989）子ども認識の分水嶺：ワロンに学び・ワロンをこえる．東京：明治図書．
4. 浜田寿美男（1994）ピアジェとワロン．京都：ミネルヴァ書房．
5. 浜田寿美男（2002）身体から表象へ．京都：ミネルヴァ書房．
6. 西岡けいこ（2005）教室の生成のために：メルロ=ポンティとワロンに導かれて．東京：勁草書房．
7. 坂元忠芳（2008a）アンリ・ワロンにおける人間発達思想の誕生：第一部 *L'enfant turbulent* 研究に向かって．私家版．
8. 坂元忠芳（2008b）アンリ・ワロンにおける人間発達思想の誕生：第二部 *L'enfant turbulent* における症候群の研究．私家版．
9. 坂元忠芳（2008c）アンリ・ワロンにおける人間発達思想の誕生：第三部 ワロン発達論の誕生．私家版．

〈ワロンに関する日本語論文〉

心理学研究者では，間宮正幸氏，亀谷和史氏，荒木穂積氏，教育学研究者では，坂元忠芳氏，堀尾輝久氏，田中孝彦氏，西岡けい子氏の論文がある．相当数に上るので一々列挙しないが，関心をお持ちの読者は文献検索データベース CiNii を利用して各論文にアクセスしていただきたい．

人名索引

■ア行

麻生武　136
足立自朗　198
アラン（Alain, E.）　37, 206
イーグルトン（Eagleton, T.）　56, 57
イネルデ（Inhelder, B.）　44
ヴィゴツキー（Vygotsky, L. S.）　3, 13, 36, 53, 54, 60, 75, 77, 116, 169, 186, 202, 206
ウェルナー（Werner, H.）　139, 140
浦崎武　136
ヴント（Wundt, W.）　23, 50
エリコニン（Elkonin, D. B.）　116
エル（Herr, L.）　20, 21, 203
エンゲルス（Engels, F.）　55

■カ行

加藤周一　86
カプラン（Kaplan, B.）　139, 140
亀谷和史　75, 198
カルコピーノ（Carcopino, J.）　40, 207
河野哲也　118
カンディンスキー（Kandinsky, W.）　180
木村美奈子　132
キャピタン（Capitant, R.）　42
ギャラップ（Gallup, G. G.）　147
キュリー（Curie, M.）　203
ギョーム（Guillaume, P.）　71
日下正一　198
クザン（Cousin, V.）　27
久保田正人　38, 125, 164
グラチオ＝アルファンデリ（Gratiot-Alphandéry, H.）　16, 17, 32, 35, 195
グランディン（Grandin, T.）　161
クルツィウス（Curtius, E. R.）　106
ゲゼル（Gesell, A.）　73, 144, 206
ケルマン（Kellman, P. J.）　153

ゴールトン（Galton, F.）　145
コールバーグ（Kohlberg, L.）　111
コレット（Colette, S. G.）　27

■サ行

坂元忠芳　3, 28, 30, 162, 198
桜井哲夫　20, 28, 83
ザゾ（Zazzo, R.）　24, 40, 41, 44, 45, 59, 79, 80, 85, 87, 88, 102, 103, 144-149, 195, 206, 207
佐藤暁　130, 131
シェリントン（Sherington, Ch. S.）　122
シェルドン（Sheldon, W. H.）　73
シモン（Simon, J.）　91, 93
シモン（Simon, T.）　98, 205
ジャネ（Janet, P.）　19, 24, 50, 115, 203
シャルコー（Charcot, J.-M.）　25, 202
ジャレイ（Jalley, É.）　21, 198
シュミールニスキー（Evart-Chmielniski, E.）　208
ジョリオ＝キュリー（Joliot-Curie, F.）　46, 209
ジョレス（Jaurès, J.）　29
スペルキ（Spelke, E. S.）　151-153
瀬野由衣　119, 138
ゾラ（Zola, É.）　203
ソロモン（Solomon, J.）　41, 207

■タ行

ダーウィン（Darwin, C.）　147
滝沢武久　3, 96, 164
田中昌人　53
デカルト（Descartes, R.）　84, 85, 87, 98, 118, 159
デュプレ（Dupré, E.）　27, 204
デュマ（Dumas, G.）　19, 24, 50, 80, 203
デュルケム（Durkheim, É.）　80
デリダ（Derrida, J.）　59

人名索引 217

ド・ゴール（de Gaulle, Ch.） 42, 209
ドダン（Daudin, H.） 21, 25, 27, 204
トラン・トン（Tran Thong） 92, 173, 183
トレヴァーセン（Trevarthen, C.） 58
トロウ（Trow, M.） 55

■ナ行

中井久夫 161
中村和夫 198, 209
中村光夫 206, 209
中村雄二郎 120
中村隆一 209
ナジョット（Nageotte, J.） 19, 24, 27, 44, 203, 204
ニコラ（Nicolas, S.） 51, 72
ニジンスキー（Nijinski, V. F.） 27

■ハ行

パイヤール（Paillard, J.） 58
バウアー（Bower, T. G. R.） 152
波多野完治 3, 96
パーナー（Perner, J.） 156
パブロフ（Pavlov, I. P.） 73
浜田寿美男 3, 60, 122, 123, 125, 163, 164
ピアジェ（Piaget, J.） 3, 13, 33, 36, 38, 44, 50, 53, 56, 57, 59-62, 64, 75, 77-79, 81-83, 86, 87, 96-100, 107, 111-117, 119, 152, 153, 157-163, 165, 166, 188, 202, 205, 208
ピエロン（Piéron, H.） 17, 18, 24, 39, 50, 71, 72, 202, 206
ピカソ（Picasso, P.） 208
ピケティ（Piketty, C.） 46
ヒトラー（Hitler, A.） 36, 206
ビネ（Binet, A.） 98, 205
ファルギエール（Falguière） 35
ファンツ（Fantz, R. L.） 151
フェヒナー（Fechner, G. T.） 50
フェーブル（Febvre, L.） 39, 206
フーコー（Foucault, M.） 59
藤田和生 64
藤本夕衣 54, 55
プライヤー（Preyer, W. T.） 147

ブリュッケ（Brücke, E.） 25
プルースト（Proust, M.） 161
フロイト（Freud, S） 13, 25, 111, 144, 202, 206
ブロンデル（Blondel, Ch.） 24
ヘイス（Haith, M. M.） 154
ベラージョン（Baillargeon, R.） 151-153
ベルグソン（Bergson, H.） 97
ベンソン（Benson, B. J.） 154
ポヴィネリ（Povinelli, D. J.） 135
ポリッツェル（Polizer, G.） 41, 207

■マ行

マインス（Meins, E.） 108
前田晶子 198
牧康夫 3, 60, 163, 173
間宮正幸 75, 198
マルクス（Marx, K. H.） 20, 55
マルタン・デュ・ガール（Martin du Gard, R.） 205
ミシュレ（Michelet, J.） 202
ミンコヴスカ（Minkowska, F.） 179
ムンク（Munch, E.） 131, 132
メイエルソン（Meyerson, I.） 205
メルロ＝ポンティ（Merleau-Ponty, M.） 130, 160, 161
モジリアニ（Modigliani, A.） 180
モンテッソリ（Montessori, M.） 38

■ヤ行

ヤーデンフォシュ（Gärdenfors, P.） 155
矢野のり子 139
山上雅子 138, 139
山口俊郎 89
やまだようこ 137, 163, 171, 174
ユゴー（Hugo, V.） 16, 17, 202
ユング（Jung, C. G.） 98

■ラ行

ラヴェル（Ravel, M.） 27
ラガッシュ（Lagache, D.） 205
ラカトシュ（Lakatos, I.） 77

ラカン（Lacan, J.）　160, 161, 205
ラッセル（Russel, B.）　158
ラマチャンドラン（Ramachandran, V. S.）　67
ランジュヴァン（Langevin, P.）　37, 40, 42, 206-208
リボー（Ribot, T.）　23, 24, 50, 203
リュケ（Luquet, G. H.）　180-186
ルソー（Rousseau, J.-J.）　105, 106
ルノワール（Renoir, P.-A.）　180
ルリア（Luria, A.）　36, 206
ルルサ（Lurçat, L.）　4, 45, 73, 178-180, 183-187, 189, 191-193, 195, 198
ルルサ（Lurçat, J.）　192
レヴィ＝ブリュール（Lévy-Bruhl, L.）　18, 28, 182, 183, 203, 204
レーニン（Lenin, V.）　31
ロー（Rauh, F.）　19-21, 44, 203
ロック（Locke, J.）　85
ロールシャッハ（Rorschach, H.）　73

■ワ行

鷲田精一　132, 134
ワーチ（Wertsch, J. V.）　60
ワロン，アンドレ（弟）（Wallon, André）　202, 204
ワロン，アンリ（心理学者）（Wallon, Henri）　3, 4, 12-46, 50, 53, 58-68, 71-73, 75-83, 86-93, 96-100, 102-104, 106-134, 136, 137, 139, 140, 144-147, 150, 151, 157, 159-167, 169, 171, 173-175, 178-180, 182-189, 191, 195, 197, 198, 200, 202-208
ワロン，アンリ（祖父）（Wallon, Henri Alexsandre）　14, 202, 204
ワロン，エミール（弟）（Wallon, Émile）　15, 202
ワロン，ギイ（甥）（Wallon, Guy）　16, 20, 31
ワロン（ルッセイ），ジェルメーヌ（妻）（Wallon (Roussey), Germaine）　31, 35, 43, 73, 204, 206, 208
ワロン，ジュヌヴィエーヴ（甥の妻）（Wallon, Geneviève）　16, 31
ワロン，ジョルジュ（弟）（Wallon, Georges）　202
ワロン，ゾフィー（母）（Wallon, Sophie）　15, 202, 204
ワロン，ドゥニ（甥）（Wallon, Denis）　16
ワロン，フィリップ（弟の孫）（Wallon, Philippe）　15, 31, 198, 209
ワロン，ポール（父）（Wallon, Paul）　14, 31, 202, 204, 205

事 項 索 引

■ア行

アグレガシオン（agrégation） 51, 52
あたため（incubation） 163, 174
アフォーダンス（affordance） 118
アンガージュマン（自己投企）（engagement） 100
イギリス経験論 83, 84, 86, 158
ヴィゴツキー・ルネサンス 3, 77
運動（系の）機能 65, 113, 117, 167, 171
運動的シェマ 113
運動的水準（から，と）心的水準 112, 113
運動的適応 112, 164-166, 169
ADHD 33
絵の幾何学化（géométrisation） 186
延滞模倣 173, 174
横紋筋 124, 126, 133
大きな物語 55-57, 61
「置き換えられるもの」 156
「置き換えるもの（表象）」 156
大人の自己中心性 107-109

■カ行

外受容感覚（器官）（sensibilité extéroceptive） 122, 126, 128
階層 - 段階理論 53
懐胎（gestation） 163, 174
学校心理士（psychologue scolaire） 43, 71
感覚運動的活動 166, 173
感覚運動的段階 112-114
感覚知覚機能 65, 117
関係の生活（la vie de relation） 33, 34
間主観性（intersubjectivity） 58
間代性機能（fonction cronique ou phasique） 125
記憶痕跡 154-157
擬展開図（rabattement） 186
機能間の連関 66, 68
機能の連続 86, 112, 160
機能連関 60, 65, 66
忌避反応 147, 148
鏡像（の）自己認知 146, 147, 149
共同注意 137, 140, 175
共同注視 65
（主体と対象との）距離化 140, 174
緊張性（機能，活動）（fonction（activité）tonique） 30, 88, 89, 90, 125, 133
偶然の写実性（réalisme fortuit） 181
グラフィスム（graphisme） 183-185, 187, 188
形式的操作 80
系統発生 56, 68, 127
外界作用的（な）活動（activité extérofective） 125, 166, 167
ゲシュタルト心理学 153
（理論の）堅固な核 77, 78, 188
原始反射 118
構造的非連続 86, 112, 160
合理論（的傾向） 82, 83
心の理論 107, 108
固執傾向（persévération） 185
個体発生 56, 68, 150, 151
骨格筋 126
骨格筋系（の回路） 123, 124
古典の失墜 54, 55
子どもの発見 105
コレージュ・ド・フランス（Collège de France） 19, 38, 39, 43, 45, 50, 51, 102, 203, 208

■サ行

催眠療法 25
作用主体 122, 136
視覚的写実性（réalisme visuel） 181
志向性 118, 132
志向的な構え 65

自己作用的活動（activité propriofective） 123, 126, 166, 171
自己受容感覚（sensibilité proprioceptive） 122-124, 126, 127, 129, 168
自己塑型的活動（機能）（fonction (activité) proprioplastique） 78, 167, 168, 174
姿勢（的）活動 126, 127, 133, 167, 168
姿勢（の）機能 34, 60, 65, 78, 113, 117, 122, 129, 130, 133, 134, 136, 140, 163, 166, 167-171, 174, 175, 197
姿勢（的，の）緊張 130, 131, 137, 173, 174
姿勢-緊張系の機能 92, 103
姿勢-緊張性（の活動，機能） 87-89, 167
姿勢系 65
姿勢と運動との分離（切り離し） 138, 139
姿勢の反応 173
姿勢反響 172
失行症 91
自動作用（automatisme） 118, 164, 166, 170, 173
シニフィアン（能記）とシニフィエ（所記）（signifiant et signifié） 160, 166
自閉症（スペクトラム障がい） 33, 66-68, 161
社会還元論 80
社会主義（革命，思想，者） 19, 20, 26, 29, 31, 43
社会文化的アプローチ 169
周縁性 97
集団的心性（l'âme collective） 170
熟達化（論） 57, 63
受動（性） 117, 118, 120-122
受容主体 122, 136
馴化-脱馴化法 151, 153
情動機能 34, 65, 113, 117, 122, 129, 130, 133, 134, 169, 171, 174, 175
情動-姿勢機能 68
衝動的段階 118
情動表出 107, 108, 182
新教育運動 37, 106, 205
身体図式 186
身体性 64
身体（内）的生活（la vie organique） 34
心的操作の発達 56, 59
浸透（imprégnation） 17, 163, 174

人物画 185-187
心理的なもの（psychique）と身体的なもの（organique） 65
推論的知能 85, 159
図式化（schématisation） 185
スプートニク・ショック 59, 82
静観対象（化） 139, 140
精神分析 25, 115, 182
生得論 63, 114
生理還元論 80
赤筋 125, 126
選好注視法 151
先史時代の芸術 183
前操作的段階 112, 113
戦争神経症 30
全体論（的）傾向 83
相互注視 65
操作的段階 112
早熟型 97
双生児研究 145
ソシュール言語学 156, 160

■タ行

第一次（世界）大戦 28, 30, 37, 99, 204
対峙の（感覚と）反応（sensibilité et réaction de prestance） 136, 137, 140
対象の永続性 78, 98, 112, 152
第二次（世界）大戦 35, 39, 59, 71, 72, 75, 76, 99
多次元的な比較発生的分析法（méthode d'analyse génétique comparative multidimensionnelle） 183
小さな大人 63, 105, 106, 108, 114
「小さな科学者」モデル 59
知覚-運動系（の回路） 122, 125, 129
知的写実性（réalisme intellectuel） 181, 182, 184, 186
知能テスト 98, 145
調節 78, 81, 112, 117, 167
デカラージュ（décalage） 78
できそこないの写実性（réalisme manqué） 181
同化 78, 81, 112, 117
透明画（transparence） 186

トーヌス（tonus） 19, 78, 125, 127, 136
ドレフュス事件 19, 202, 203

■ナ行

内受容感覚（sensibilité intéroceptive） 123, 126, 128, 133, 168
内臓活動 126, 127, 133
内臓系（の回路，器官，機能） 65, 123, 129
内的モデル（modèle interne） 181, 182, 184, 185
二重の表現性 180, 181
能動的・活動的存在としての子ども 117
能動的行為（者，主体） 119, 121

■ハ行

白筋 125, 126
発生的神経-機能間分析 92
発生的認識論 56
発達概念（の危機，の否定） 58, 61
発達障がい 32, 33, 35, 145
発達段階論 56, 86, 111, 112, 134
発達のグランドセオリー 53, 54, 56-61, 63, 111
発達の最近接領域 186
発達の全体性 56, 65, 110, 116, 117
発達の連続性 82, 114
場面の知能 85, 159
晩熟型 22, 63, 97
ピアジェ×ワロン論争 36
「飛行機」（の姿勢） 136, 138-140
人見知り 137
描画テスト 179
描画発達 4, 178-181, 184, 187
表象機能 68, 88, 113, 117, 120, 134, 137-140, 150, 151, 161, 167, 169, 172, 175, 197
表象内容 169, 172
表象の定義（の意味） 155, 156
表象媒体 169, 172
表象発生（問題，論） 4, 38, 86, 138, 150, 151, 157, 161-164, 166, 168, 172, 173
（発達の）非連続（性） 63, 110, 111, 113, 160
不器用 66, 89-92

プラトン的思考 84
フランス的（思考，なもの） 81-84, 86, 87
プロセス・アプローチ 189
弁証法的唯物論 61, 99
「防御帯」（としての仮説群） 77, 78
ポストモダン（ポストモダニズム） 55-59, 61, 62, 64, 82
保存 78, 98, 112

■マ行

mind-mindedness 107, 108
マークテスト 147, 148
マッカーシズム 59
「見える-見えない」テスト 135
モジュール（論） 57, 63, 66, 67
模倣 162, 163, 172, 173, 175
紋切り型（stéréotype） 185

■ヤ行

唯物弁証法 92
融即（participation） 131, 173, 174
有能な乳児 150
指さし 138, 140, 175
様式化（stylisation） 185
要素論（的傾向） 82, 83

■ラ行

ランジュヴァン＝ワロン（教育改革）計画（le projet de réforme Langevin-Wallon） 13, 42, 43, 71, 76, 195, 207, 208
領域固有性論 57, 58, 66, 82, 93, 116
臨床的質問法（méthode d'interrogation clinique） 78
レジスタンス 12, 41, 43, 46, 59, 76, 88, 99, 193, 207

■ワ行

ワロン資料文庫（Archives d'Henri Wallon） 13, 21, 37, 46

著者略歴

加藤　義信（かとう　よしのぶ）

1947年，愛知県生まれ。1974年，名古屋大学大学院文学研究科博士課程中退。1983年9月～1985年8月，フランス政府給費留学生としてパリ第8大学およびフランス国立保健医学研究機構（I.N.S.E.R.M.）に留学。1999年，博士（心理学）。愛知県立大学教授を経て，現在，名古屋芸術大学教授。専門は発達心理学。特に，「幼児期の表象機能の発達」や「空間認知の発達」「フランス語圏心理学の発達論」に関心がある。

主な著書・訳書

『ピアジェ×ワロン論争――発達するとはどういうことか』（共編訳著）ミネルヴァ書房，1996年
『子どもの心的世界のゆらぎと発達――表象発達をめぐる不思議』（共編著）ミネルヴァ書房，2011年
『発達科学ハンドブック3：時間と人間』（分担執筆）新曜社，2011年
ルネ・ザゾ著『鏡の心理学――自己像の発達』（単訳）ミネルヴァ書房，1999年
フィリップ・ワロン著『子どもの絵の心理学入門』（共訳）白水社，2002年

アンリ・ワロン　その生涯と発達思想
──21世紀のいま「発達のグランドセオリー」を再考する

2015年10月15日　初版第1刷発行

著　者　　加藤 義信
発行者　　石井 昭男
発行所　　福村出版株式会社
〒113-0034　東京都文京区湯島2-14-11
電話　03-5812-9702　FAX　03-5812-9705
http://www.fukumura.co.jp
印刷　　株式会社文化カラー印刷
製本　　本間製本株式会社

©Yoshinobu Kato　2015
Printed in Japan
ISBN 978-4-571-23053-0
乱丁本・落丁本はお取替えいたします。
定価はカバーに表示してあります。

福村出版 ◆ 好評図書

中村和夫 著
ヴィゴーツキー理論の神髄
●なぜ文化－歴史的理論なのか
◎2,200円　ISBN978-4-571-23052-3　C3011

ヴィゴーツキー理論の中心にある「人間の高次心理機能の言葉による被媒介性」という命題を明らかにする。

中村和夫 著
ヴィゴーツキーに学ぶ子どもの想像と人格の発達
◎2,500円　ISBN978-4-571-23050-9　C3011

ヴィゴーツキーの想像の発達についての議論に焦点を合わせ，人格発達理論としてヴィゴーツキー理論を論証。

井原成男 著
ウィニコットと移行対象の発達心理学
◎2,500円　ISBN978-4-571-23044-8　C3011

精神分析医ウィニコットの理論と豊富な臨床事例をもとに解き明かす，移行対象からみた子どもの発達心理学。

繁多 進 監修／向田久美子・石井正子 編著
新 乳幼児発達心理学
●もっと子どもがわかる 好きになる
◎2,100円　ISBN978-4-571-23047-9　C3011

新幼稚園教育要領と保育所保育指針の改定を受け改訂。子どもの発達がわかりやすく学べる乳幼児発達心理学の書。

櫻井茂男・岩立京子 編著
たのしく学べる乳幼児の心理〔改訂版〕
◎2,400円　ISBN978-4-571-23048-6　C3011

基礎的知識に最新の研究成果と新しい情報をふんだんに盛り込み改訂。分かりやすい乳幼児心理学の入門書。

川島一夫・渡辺弥生 編著
図で理解する 発達
●新しい発達心理学への招待
◎2,300円　ISBN978-4-571-23049-3　C3011

胎児期から中高年期までの発達について，基本から最新情報までを潤沢な図でビジュアル的に解説した1冊。

心理科学研究会 編
小学生の生活とこころの発達
◎2,300円　ISBN978-4-571-23045-5　C3011

心理学的知見から，学齢毎の発達に関わる課題を読み解く，より深く子どもを理解したい教育関係者必読の書。

◎価格は本体価格です。